FINANCIAL MAN
BASIC CO
—TAKING ADMINISTRATIVE
INSTITUTIONS AS EXAMPLES

基本建设财务管理

——以行政事业单位为例

李慧霞◎编著

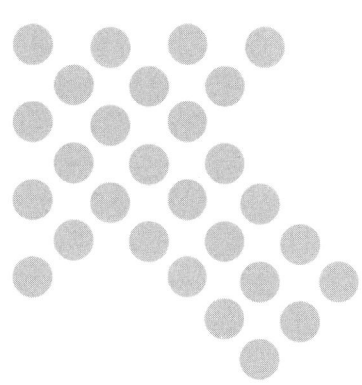

经济管理出版社
ECONOMY & MANAGEMENT PUBLISHING HOUSE

图书在版编目（CIP）数据

基本建设财务管理：以行政事业单位为例/李慧霞编著 .—北京：经济管理出版社，2022. 3

ISBN 978-7-5096-8517-4

Ⅰ.①基… Ⅱ.①李… Ⅲ.①行政事业单位—基本建设—财务管理—中国 Ⅳ.①F812. 2

中国版本图书馆 CIP 数据核字（2022）第 095894 号

责任编辑：姜玉满
责任印制：黄章平
责任校对：董杉珊

出版发行：经济管理出版社
　　　　　（北京市海淀区北蜂窝 8 号中雅大厦 A 座 11 层　100038）
网　　　址：www. E-mp. com. cn
电　　　话：（010）51915602
印　　　刷：唐山玺诚印务有限公司
经　　　销：新华书店
开　　　本：720mm×1000mm/16
印　　　张：12. 75
字　　　数：215 千字
版　　　次：2022 年 3 月第 1 版　　2022 年 3 月第 1 次印刷
书　　　号：ISBN 978-7-5096-8517-4
定　　　价：88. 00 元

前　言

　　行政事业单位承担着国家公共服务等方面的基本建设任务，是国家基本建设的重要组成部分，加强基本建设财务管理，充分发挥建设资金的使用效益，是行政事业单位财务管理的主要任务之一。2016 年，财政部颁发了《基本建设财务规则》（中华人民共和国财政部令第 81 号）、《基本建设项目建设成本管理规定》（财建〔2016〕504 号）、《基本建设项目竣工财务决算管理暂行办法》（财建〔2016〕503 号）等文件，对规范行政事业单位基本建设财务管理发挥了重要作用。在实际工作中，由于行政事业单位基本建设专业人员不足等原因，基本建设财务管理弱化、制度不健全、监督不到位等现象仍不同程度地存在。本书结合现行基本建设财务管理制度，对建设项目全过程进行了系统梳理，揭示了建设项目全过程中财务管理的薄弱环节和风险点，并有针对性地提出控制措施。本书精选了部分具有代表性的案例，对行政事业单位加强建设项目财务管理、规避财务风险具有借鉴意义。

　　因水平有限，时间仓促，本书难免有不当之处，恳请读者批评指正。

李慧霞

2022 年 3 月

目　录

第一章　基本建设财务管理概述

一、基本建设财务管理概念

单位基本建设是以增加固定资产为目的进行的投资活动，包括各种建筑物及其附属设施的新建、改扩建、购置、更新改造以及设备的购置及安装。单位财务管理是对单位财务活动（即资金运动）及其所体现的财务关系的管理，基本建设财务管理是对单位基本建设项目资金进行筹集、使用、监督及资产移交的全周期管理，贯穿基本建设项目管理全过程，侧重点在于资金管理。

行政事业单位在资金筹集环节要正确处理与国家或地方发展改革部门、财政部门、上级主管部门的关系，正确处理与税务部门、银行等方面的关系，在建设资金使用环节要正确处理与设计单位、监理单位、施工企业、设备供应商及第三方服务机构的关系，处理好与单位内部职能部门的关系等。

二、基本建设财务管理任务

基本建设财务管理有六大任务：

一是严格按照国家及地方政府相关规定筹集和使用建设项目资金，防范和规避各种财务风险，确保建设资金专款专用；

二是做好建设项目资金预算编制工作，强化预算审核和控制；

三是做好建设项目核算工作，严把建设项目概算关，有效控制建设成本，提高建设资金使用效益；

四是及时准确编制项目竣工财务决算，全面反映基本建设财务状况；

五是加强财务管理，严格财经纪律，对建设项目全过程实施财务控制和监督；

六是客观开展建设项目绩效评价。

三、基本建设财务管理原则

基本建设财务管理有三个原则：

一是基本建设财务管理以国家相关法律法规为根本遵循，严格执行基本建设财务规章制度。

二是坚持勤俭节约、量力而行、讲求实效的原则。基本建设项目从项目论证、立项、开工、竣工验收、资产移交全过程，到建设项目资金筹集、使用、核算、决算全过程要以建设项目概算为依据，不得擅自提高建设标准、扩大建设规模，不搞形象工程。

三是提高资金使用效益原则。行政事业单位建设资金多为财政资金，要充分发挥财政资金使用效益和社会效益，建设精品工程。

四、基本建设财务管理风险

（一）基本建设财务管理弱化风险

基本建设账务核算纳入单位部门统一核算管理后，基本建设财务管理弱化现象较为突出。在人员配置上，行政事业单位基本建设财务管理专职人员一般比较少，财务人员的精力集中用于单位部门预算管理，对基本建设财务管理政策的研读不够精准，把握不到位，基本建设财务管理成弱化状态。

（二）基本建设财务管理制度不健全，存在缺乏有效监督风险

基本建设财务管理制度缺乏顶层设计，尤其是行政事业单位基本建设项目多为向社会提供公共服务的项目，资金来源多为财政资金支持，强化建设项目财务管理、充分发挥财政资金使用效益尤为重要。但是长期以来，行政事业单位基本建设工作由行政部门分管，工程管理专业人员少，且存在管理经验不足的情况。基本建设财务管理制度缺乏顶层设计，基本建设内控制度缺乏或者内控制度形同虚设，不能真正发挥内控作用。在一些情况下，重要不相容的岗位不能做到有效分离，部门之间不能形成有效的相互制约机制，对关键岗位缺乏有效的监督，甚至存在营私舞弊的现象。2016年，《基本建设财务规则》（中华人民共和国财政部令第81号）其中对行政事业单位的基本建设财务行为做出了规范，要求各单位建立健全本单位基本建设财务管理制度和内部控制制度，这是行政事业单位基本建设所必须遵循的财务规则。

（三）财务管理与建设项目全过程脱节严重，存在超预算风险

从整体上看，基本建设项目全过程专业性极强。建设项目的前期可行性研究、初步设计、工程概算、向主管部门或者财政部门申报立项、建设资金申请、预算编报、招标、合同签订、施工管理、竣工验收、竣工财务决算等，均需要多

部门共同完成。与此同时，多数单位财务管理人员不参与建设项目全过程管理，对工程建设过程中的重大事项知之甚少，仅限做好会计核算，如付款、记账，财务监督职能不能有效发挥。工程超概算、超预算、超计划的情况时有发生，造成了人力、物力资源的浪费。

（四）基本建设项目经济合同监管风险

一个普通的基本建设项目，经费少则几千万元，多则上亿元，涉及上百份乃至更多的经济合同。合同签订后就具有法律效力，签订合同双方就要如期履行。然而实际上，在合同执行过程中财务管理部门只是按合同付款。为此，经济合同存在的潜在风险，财务管理部门往往无法识别，更是无法监管。因此，聘请专业的律师团队，以加强经济合同审核显得尤为必要，财务管理部门根据律师团队的审核意见，支付合同金额，可以确保国有资金的安全。

（五）竣工财务决算滞后，国有资产无法有效管理风险

由于基本建设项目建设工期长、项目规划验收复杂等，项目交付使用后不办理竣工财务决算的情况时有发生，造成建设项目竣工后无法向资产管理部门交付使用资产，财务管理部门无法进行"在建工程"转为"固定资产"的账务处理，在建工程等科目长期挂账，单位固定资产账实不符，财务报表不能真实反映行政事业单位资产规模，交付使用资产产权长期得不到办理，国有资产管理流于形式。

（六）项目建设成本控制不严，超概（预）算风险

由于财务人员不能有效参与建设项目全过程管理，对项目总成本控制心中无数，致使项目超概（预）算情况时有发生。项目建设单位应当严格控制建设成本的范围、标准，对无发票或者发票项目不全、无审批手续、无责任人员签字的支出，超过概（预）算支出，违规收费、罚没等支出，非建设单位原因造成的工程报废等损失，财务管理人员要严格把关，确保建设成本不超出概（预）算。

第二章　行政事业单位基本建设财务管理制度沿革

一、行政事业单位基本建设财务管理制度的完善过程

（一）我国会计制度体系的确立

经济越发展，会计工作越重要。行政事业单位基本建设财务管理制度是我国会计制度的重要组成部分，其随着我国会计制度的发展逐步形成现行的行政事业单位财务管理制度体系。改革开放以前，我国的会计制度是在统一的计划经济体制下由财政部制定的企业和预算会计制度。1978 年党的十一届三中全会确定我国改革开放的战略方针，标志着我国进入改革开放新的历史时期。传统的计划经济模式下的会计制度不能满足新时期经济发展的需要，为适应我国经济发展和使改革开放与国际接轨，1985 年 1 月 21 日第六届全国人民代表大会常务委员会第九次会议通过了《中华人民共和国会计法》（以下简称《会计法》）。1985 年财政部正式颁布了《中华人民共和国中外合资经营企业会计制度》，1992 年其被《中华人民共和国外商投资企业会计制度》代替。1992 年 5 月财政部颁布了《股份制试点企业会计制度》，1992 年 11 月又颁发了《企业财务通则》《企业会计准则》，之后又颁布了《工业企业会计制度》《金融企业会计制度》等 13 个行业的会计制度。中国会计制度出现了准则和制度并存的"双轨制"局面。2000 年 12 月财政部正式发布了适用

于大多数行业和企业的《企业会计制度》。1997~2001 年底，财政部先后发布了 16 个具体会计准则，以作为前面法规、条例的配套措施，逐步形成了由会计法、会计基本准则、会计具体准则、企业会计制度等构成的较为完整的会计制度体系。

（二）基本建设财务制度体系的形成

纵观我国包括行政事业单位在内的基本建设制度发展历程，可以看出基本建设制度是一个从基本建设会计核算逐步向基本建设财务管理过渡的过程。新的准则和制度体系突出规范财务行为两个方面的内容：一方面强调行政事业单位，另一方面强调使用财政资金。从基本建设财务管理 30 多年的发展变革中不难看出，每一部制度的出台、修订与完善，都深深留下特定历史时期的烙印，并为我国基本建设行业甚至国家经济社会的发展提供了坚实的保障。

二、1986 年以来不同历史时期基本建设制度

（一）不同时期基本建设制度汇总

1986 年以来基本建设制度汇总如表 2-1 所示。

表 2-1　1986 年以来基本建设制度

发布时间	文件名称	发布单位	主要内容
1986 年 11 月 19 日	《国营建设单位会计制度——会计科目和会计报表》（财会字第 75 号）	财政部	明确了基本建设总账会计科目及科目编号，计入总账的会计方法可使用借贷和增减两种记账方法。明确了会计报表种类、格式和编报要求
1993 年	《财政部　中国人民建设银行关于印发〈建设单位若干财务问题的处理办法〉的通知》（〔93〕财预字第 104 号）及《财政部印发〈关于《国营建设单位会计制度》的补充规定〉的通知》（〔93〕财会字第 49 号）	财政部 中国人民建设银行	对经批准实行项目业主负责制的建设单位，1993 年 7 月 1 日后新开工的改扩建项目、建设过程中已具备转轨条件的在建项目等情况提出执行分行业企业财务制度的要求。对不具备转轨条件而继续适用现行基本建设财务管理有关规定的建设单位，行政事业单位仍执行现行的各项基本建设财务管理有关规定；对基本建设财务管理有关规定做了修改；对相关会计科目及会计报表进行了修订

发布时间	文件名称	发布单位	主要内容
1995 年 10 月 4 日	《财政部关于修改重印〈国有建设单位会计制度〉的通知》（财会字〔1995〕45 号）	财政部	制度规范了总账科目、明细科目以及会计科目的编号以及报表格式编制说明、报送规定等
1998 年 2 月 23 日	《财政部关于印发〈基本建设财务管理若干规定〉的通知》（财基字〔1998〕4 号）	财政部	首次提出基本建设财务管理的基本任务；首次提出各级财政部门是主管基本建设财务的职能部门，对基本建设的财务活动实施管理和监督；首次对建设项目进行分类，分为经营性项目和非经营性项目，并提出资本金概念；明确建设成本四大支出内容；规范了基本建设竣工财务决算编制要求、内容及报批程序等
1998 年 6 月 8 日	《财政部关于〈国有建设单位会计制度补充规定〉和〈企业基建业务有关会计处理办法〉的通知》（财会字〔1998〕17 号）	财政部	对会计科目、报表进行修订，报表主要包括资金平衡表、基建投资表、待摊投资明细表等
2002 年 9 月 27 日	《财政部关于印发〈基本建设财务管理规定〉的通知》（财建〔2002〕394 号）	财政部	强调严格控制建设成本；细化了申请财政性资金建设项目预算申报要求；强化了主管部门对所属建设单位基本建设财务管理基础工作的指导和督促职责；对经营性项目筹集的资本金提出明确管理要求；规定使用国家财政投资的建设项目支付管理；取消经营性项目和非经营性项目包干制及相关财务规定；建设成本中对建设单位管理费支出范围、总额控制数进行了规定；增加了工程价款结算规定；基本建设项目竣工财务决算报表不再按大中型和小型建设项目进行划分，并对基本建设项目竣工财务决算报表、竣工财务决算说明书进行了相应的调整；明确和细化了基本建设项目竣工财务决算报批要求
2003 年 12 月 10 日	《财政部关于解释〈基本建设财务管理规定〉执行中有关问题的通知》（财建〔2003〕724 号）	财政部	关于在建项目执行新旧基建财务制度如何衔接；关于实行基本建设财务和企业财务并轨的单位制度如何执行等
2008 年 7 月 22 日	《财政部关于进一步加强中央基本建设项目竣工财务决算工作的通知》（财办建〔2008〕91 号）	财政部	明确了基本建设项目竣工财务决算编制依据、编报要求及审核要求

续表

发布时间	文件名称	发布单位	主要内容
2012年12月19日	《关于印发〈事业单位会计制度〉的通知》（财会〔2012〕22号）	财政部	事业单位按照新制度要求，在按国家有关规定单独核算基本建设投资的同时，将基建账相关数据并入单位会计"大账"；对2012年12月31日原基建账中相关科目余额并入新账时提出具体要求；事业单位执行新制度后，应当至少按月根据基建账中相关科目的发生额，在"大账"中按照新制度对基建相关业务进行会计处理①
2016年	《基本建设财务规则》（中华人民共和国财政部令第81号）；《基本建设项目建设成本管理规定》（财建〔2016〕504号）；《基本建设项目竣工财务决算管理暂行办法》（财建〔2016〕503号）	财政部	第一次以财政部规章形式将基本建设财务管理上升到更高的国家法律层级，两个配套制度的出台，是《规则》的细化，是落实规则的具体规范。具体内容在下一节进行展开

（二）不同历史时期基本建设制度出台背景、适用范围及主要变动内容

1. 《国营建设单位会计制度——会计科目和会计报表》

背景：为适应我国经济体制和财务制度变化，加强国营单位基本建设项目核算。

适用范围：全民所有制建设单位。

2. 《建设单位若干财务问题的处理办法》

背景：1992年《企业财务通则》和《企业会计准则》颁布实施，按照财务管理体制改革发展的要求，企业和行政事业单位从筹建到经营要实行一体化管理，建设单位财务要逐步纳入企业及行政事业单位各自的财务管理体系中。为保证建设单位切实执行《企业财务通则》，并与国家的投资、计划、财政管理体制改革相适应，向执行新的财务制度过渡创造条件，财政部和中国人民建设银行对建设单位存在的若干财务问题做出规定，同时为规范建设单位会计核算工作，财政部对《国营建设单位会计制度》进行了修订②。

---

① 参见《关于印发〈新旧事业单位会计制度有关衔接问题的处理规定〉的通知》。

② 参见《财政部　中国人民建设银行关于印发〈建设单位若干问题的处理办法〉的通知》及《财政部印发〈关于《国营建设单位会计制度》的补充规定〉的通知》。

3. 《国有建设单位会计制度》

背景：《国营建设单位会计制度——会计科目和会计报表》（财会字第 75 号）自 1987 年实行以来，随着投资体制、财税体制和财务制度的变化，曾做了多次修改和补充，为便于基本建设财务制度的执行，财政部作为主管部门根据实际工作需要统一对建设单位的会计制度进行了修改和补充。

适用范围：实行独立核算的国有建设单位。

4. 《基本建设财务管理若干规定》

背景：随着经济体制改革的不断深入，特别是财务会计制度改革取得重要成果，企业财务会计实行"两则""两制"以来，基本建设财务管理不断规范，企业在基本建设投资中的财务管理自主权得到落实，一些条件成熟的单位实现了基本建设财务会计与企业财务会计接轨，但在积极稳妥推进基建财务与企业财务接轨的过程中，基本建设财务管理面临一些急需解决的问题。同时，由于制度改革不够配套等原因，基本建设财务管理弱化、不规范和不能适应深化改革的情况比较严重。这样不仅不利于有效节约建设资金、控制建设成本、提高投资效益，也不利于进一步发挥企业在投资领域的自主权和强化投资风险约束，更不利于确立企业在社会主义市场经济中的市场主体作用。为此，财政部针对基本建设财务中反映出的主要问题，制定了《基本建设财务管理若干规定》。①

适用范围：规定适用于包括事业单位在内的实行独立核算的建设单位，不包括财政部批准实行基本建设财务和企业财务并轨的单位。

主要内容：

（1）明确了基本建设财务管理的任务。

（2）明确了基本建设财务管理的主管部门是各级财政部门，对基本建设的财务活动负有管理和监督职责。

（3）明确建设单位及其主管部门的工作职责：要做好基本建设财务管理的基础工作，按规定向财政部门报送基本建设财务报表。

（4）首次对建设项目进行分类，分为经营性项目和非经营性项目，并提出资本金概念。

---

① 参见《财政部关于印发〈基本建设财务管理若干规定〉的通知》（财基字〔1998〕4 号）。

对经营性项目明确按照投资主体的不同,分别以国家资本金、法人资本金、个人资本金和外商资本金单独反映等内容。

明确非经营性项目筹集建设资金仍按现行制度管理。非经营性项目实行投资包干责任制,明确包干节余按投资来源比例分别用于归还贷款和进行分配等内容。

(5)明确建设成本支出内容。

(6)规范了基本建设竣工财务决算编制要求、内容和报批程序。①

5.《国有建设单位会计制度补充规定》

背景:1996年国务院颁发《国务院关于固定资产投资项目试行资本金制度的通知》(国发〔1996〕35号),1998年财政部颁发《财政部关于印发〈基本建设财务管理若干规定〉的通知》(财基字〔1998〕4号)。

原有《国有建设单位会计制度》已不能满足企业制度改革及实际工作需要,财政部针对国有建设单位会计制度做了补充规定。

适用范围:适用于实行独立核算的国有建设单位。

6.《基本建设财务管理规定》

背景:随着我国社会主义市场经济体制和投融资体制改革的不断深入,迫切需要规范基本建设投资行为,强化基本建设财务管理和监督,提高投资效益。财政部在1998年印发的《基本建设财务管理若干规定》的基础上,根据《中华人民共和国预算法》(简称《预算法》)、《中华人民共和国会计法》(简称《会计法》)、《中华人民共和国政府采购法》(简称《政府采购法》)等对基本建设财务管理行为进行了规范。

适用范围:适用于国有建设单位和使用财政性资金的非国有建设单位。适用范围扩大到使用财政性资金的非国有建设单位,突出了对财政性建设资金的监督管理。

主要变动内容:

(1)基本建设财务管理的基本任务强调严格控制建设成本,减少资金损失和浪费,提高投资效益。

---

① 参见《财政部关于印发〈基本建设财务管理若干规定〉的通知》(财基字〔1998〕4号)。

（2）细化了申请财政性资金建设项目预算申报要求。

（3）强化了主管部门对所属建设单位做好基本建设财务管理基础工作的指导和督促职责。

（4）对经营性项目筹集的资本金提出明确管理要求。

（5）明确使用国家财政投资的建设项目支付管理要求及程序。

（6）取消经营性项目和非经营性项目包干制；明确了非经营性项目的结余资金处理核算方式。

（7）在建设成本中对建设单位管理费的支出范围、总额控制数进行了规定。

（8）增加了工程价款结算的规定。

（9）基本建设项目竣工财务决算报表不再按大中型和小型建设项目进行划分，并对基本建设项目竣工财务决算报表和竣工财务决算说明书进行了相应的调整。

（10）对基本建设项目竣工财务决算报批要求进行细化。

7.《财政部关于解释〈基本建设财务管理规定〉执行中有关问题的通知》

背景：财政部对《基本建设财务管理规定》执行过程中各部门反映的有关问题进行归纳总结，并做出解释。

主要内容：

（1）明确在建项目新旧制度的衔接要求，执行新制度的时间节点。

（2）针对基本建设财务和企业财务已经并轨的单位，如何执行新制度。

（3）对每个基本建设项目提出必须单独建账、单独核算要求。

8.《财政部关于进一步加强中央基本建设项目竣工财务决算工作的通知》

背景：《基本建设财务管理规定》（财建〔2002〕394号）的执行，对加强国有建设单位和使用财政性资金的非国有建设单位基本建设财务管理起到规范作用，为进一步强化中央财政资金建设项目的竣工财务决算工作，财政部出台了《财政部关于进一步加强中央基本建设项目竣工财务决算工作的通知》，目的在于加强中央基本建设项目全过程管理。

主要内容：

（1）明确了建设单位基本建设项目竣工财务决算编制依据、编报要求及审核要求。

（2）明确了主管部门对项目建设单位报送的项目竣工财务决算的审核要求：认真审核，严格把关。审核的重点内容：项目是否按规定程序和权限进行立项、可行性研究和初步设计报批；项目建设是否存在超标准、超规模、超概算投资等问题；项目竣工财务决算金额是否正确；项目竣工财务决算资料是否完整等情况。

9.《事业单位会计制度》

财政部发布了新《事业单位会计制度》（财会〔2012〕22 号），自 2013 年 1 月 1 日起施行。

背景：

（1）为了适应财政改革和事业单位财务管理改革的需要，进一步规范事业单位的会计核算，根据《事业单位会计准则》（中华人民共和国财政部令第 72 号）制定《事业单位会计制度》。

（2）配合《事业单位财务规则》（中华人民共和国财政部令第 68 号）的出台，财政部经过长期修订研究，在充分征求意见的基础上，于 2012 年 12 月 19 日修订印发《事业单位会计制度》。

（3）进一步规范事业单位会计行为、提高事业单位会计信息质量的需要。随着事业单位内外环境的变化，原《会计制度》在诸多方面逐步暴露出不适应和不协调，如基建"游离"大账、不计提固定资产折旧、资产计量口径模糊、财政投入资金核算不清晰、会计报表结构不合理等，都影响了事业单位会计信息的全面性、准确性和有用性，亟须进行修订①。

其涉及基本建设项目管理的主要内容：

事业单位按照新制度的要求，在按国家有关规定单独核算基本建设投资的同时，将基建账相关数据并入单位会计"大账"。新制度设置了"在建工程"科目，该科目为新设科目。事业单位应当在新账中"在建工程"科目下设置"基建工程"明细科目，核算由基建账并入的在建工程成本。

《关于印发〈新旧事业单位会计制度有关衔接问题的处理规定〉的通知》（财会〔2013〕2 号）明确了对 2012 年 12 月 31 日原基建账中相关科目余额并入

---

① 2012 年 12 月 28 日，财政部会计司有关负责人就修订发布《事业单位会计制度》答记者问。

新账会计科目的要求。

事业单位执行新制度后，应当至少按月根据基建账中相关科目的发生额，在"大账"中按照新制度对基建相关业务进行会计处理①，并对会计报表进行了调整。该制度执行后，基本建设账独立于部门预算大账的情况终结。该制度的实施，对有效加强基本建设财务管理发挥了重要作用。

10. 现行一则两制

背景：《基本建设财务管理规定》（财建〔2002〕394 号）执行至 2016 年已十余年，我国的经济建设发展进入新的历史时期，基本建设也是高速发展时期，急需建立完善的基本建设规章制度，规范基本建设行为。新制度出台的必要性主要体现在：

（1）适应我国基本建设发展的需要。改革开放后，我国基本建设在国家宏观调控中发挥重要作用，基本建设进入高速发展时期，为促就业、改善民生、增强经济发展后劲提供了强有力支撑。

（2）我国深化改革的需要。党的十八届三中全会审议通过的《中共中央关于全面深化改革若干重大问题的决定》标志着中国改革"升级"，进入"全面深化改革"时期。国务院提出深化简政放权，放管结合优化服务，对企业给予自主权，对使用非财政资金的项目建设单位给予自主决策、自我管理权限。

（3）从严治党的需要。针对工程建设领域腐败、大案要案频发现象，自党的十八大以来，以习近平同志为核心的党中央以壮志断腕、刮骨疗伤的勇气，坚决惩治腐败。为整治工程建设领域腐败问题，急需修订基本建设财务管理制度，以更加规范的制度规范基本建设财务管理行为，既是适应党和国家从严治党、经济建设发展战略的需要，也是提高财政物资使用效益的需要。2018 年财政部印发《中央基本建设项目竣工财务决算审核批复操作规程》（财办建〔2018〕2 号），对规范中央基本建设项目竣工财务决算审核批复程序和行为具有极强的可操作性。

---

① 参见《关于印发〈新旧事业单位会计制度有关衔接问题的处理规定〉的通知》（财会〔2013〕2 号）。

三、新版财务制度特征

（一）确立了规则和制度体系

2016 年，财政部颁发中华人民共和国财政部令第 81 号《基本建设财务规则》（简称《规则》），自 2016 年 9 月 1 日起施行。同时，还印发了配套的基本建设财务管理制度：《基本建设项目建设成本管理规定》（简称《规定》）（财建〔2016〕504 号）和《基本建设项目竣工财务决算管理暂行办法》（财建〔2016〕503 号）。2018 年印发《中央基本建设项目竣工财务决算审核批复操作规程》（财办建〔2018〕2 号）。该制度体系的出台是在新的历史时期对如何进一步加强基本建设项目的财务管理提出了更加系统、全面的规范要求，并且第一次以中华人民共和国财政部令的形式颁发，将基本建设财务管理上升到更高的国家法律层级。两个配套制度的出台，是对《规则》的细化，是落实《规则》的具体体现，对规范新时期的基本建设财务行为具有重要的指导意义。

（二）主要变化内容

（1）明确了各级管理部门的职责。《规则》明确了财政部、各级财政部门、各级主管部门及项目建设单位在建设资金筹集与使用管理、工程价款结算管理、竣工财务决算管理、结余资金管理、绩效评价、监督管理等方面的职责。与《规定》中各级财政部门是主管基本建设财务的职能部门相比更具体。

（2）调整了适用范围。《规则》明确了适用单位的类型为行政事业单位以及使用财政资金的国有及国有控股企业，目的是规范财政资金的基本建设财务管理，并明确仅为设备购置建设项目不执行本《规则》。《规则》更加突出财政资金的属性。

（3）强化预算约束，加强对预算的管理、监督和评价。2014 年新《预算法》

推出，并于 2018 年进行修订，旨在规范政府收支行为，突出预算约束力，强化预算管理和监督，建立规范、公开、透明的预算管理制度，以保障经济社会的健康发展。《规则》突出了行政事业单位基本建设项目要纳入预算管理的具体要求。

（4）行政事业单位的基本建设项目资金来源主要为财政资金，用于基本建设项目的财政资金支出属于行政事业单位的管理范畴。行政事业单位要结合单位自身需求对基本建设项目进行统筹规划、合理设置项目，经评审后纳入财政项目库，并将建设项目纳入年度预算编制范围。具体为项目建设单位要依据审批的项目概算编制财政资金预算，报主管部门审核，主管部门审核汇总后报财政部门（"一上"预算），财政部门审核后，下达年度预算控制数（"一下"预算）。行政事业单位根据预算控制数按照建设项目实际需求编制建设项目预算报主管部门（"二上"预算），主管部门审核后报财政部门，财政部门审核批复后执行（"二下"预算）。建设项目财政资金预算审批后，具有极强的约束力，必须严格执行，一般不得调整，如确需调整的，要严格履行审批程序。

（5）细化基本建设成本开支范围，明确了七类支出不得列入项目建设成本，具体包括：①超过批准建设内容发生的支出；②不符合合同协议的支出；③非法收费和摊派；④无发票或发票项目不全、无审批手续、无责任人员签字的支出；⑤因设计单位、施工单位、供货单位等原因造成的工程报废等损失，以及未按照规定报经批准的损失；⑥项目符合规定的验收条件之日起 3 个月后发生的支出；⑦其他不属于本项目应负担的支出①。

（6）体现了贯彻落实中央"八项规定"精神，从源头上遏制腐败。基本建设管理费用中的业务招待费可按照基本建设管理费用的 10%控制，但由于基本建设项目资金数额大，有的项目业务招待费总额不低。党的十八大以前该费用成了公款吃喝资金池，甚至成了违法分子套取公款的资金渠道。《规定》对项目管理费中的业务招待费进行了规定：原则上不能发生业务招待费，如确需发生，严格按照国家有关会议费、差旅费、误餐费等标准执行，并控制在建设项目管理费

---

① 参见《基本建设财务规则》（中华人民共和国财政部令第 81 号）。

的 5%。

该《规定》体现了贯彻落实中央"八项规定"精神，从源头上遏制违规违纪情况的发生。

（7）强化对基本建设项目监督。《规则》突出了对建设项目的监督管理。第一，明确监督的主体，财政部门和项目主管部门要履行对建设项目的监督管理职责。第二，明确监督管理的关键环节为建设项目资金运动的全过程（资金筹集与使用、预算编制与执行、成本控制、工程价款结算、项目竣工财务决算编报审核、资产交付等关键环节）。第三，明确了监督管理方法。要采取事前、事中、事后三结合，日常与专项两结合的方式，将建设项目全过程全部纳入监督范围。第四，加大对违规情况的处理力度。《规则》对违规的处理上升到按照违反《预算法》《财政违法行为处罚处分条例》等有关规定进行追责，处罚的力度更大，震慑力更强。

（8）对行政事业单位基本建设项目竣工财务决算编报进行了规范。新制度出台前，行政事业单位基本建设项目竣工验收完成资产交付使用，却不办理财务竣工决算。《基本建设项目竣工财务决算管理暂行办法》（财建〔2016〕503 号）和《中央基本建设项目竣工财务决算审核批复操作规程》（财办建〔2018〕2号）两个制度的颁发，对行政事业单位基本建设项目办理竣工财务决算及审批提出规范要求，对行政事业单位加强日常项目核算、完善内控制度、规范管理起到积极作用。

（9）增加了基本建设绩效评价一个章节。行政事业单位以实现政府公共服务为目标，强化对财政资金使用效益的评价尤为重要。《规则》增加第十章对基本建设项目绩效评价进行规范。《规则》明确财政部门、项目主管部门的职责；开展绩效评价的原则；在建设项目全过程中开展绩效评价的关键环节；绩效评价方法、指标体系，以及绩效评价结果的使用等内容。

为进一步提高财政资源配置效率和使用效益，全面实施预算绩效管理，建立科学、合理的项目支出绩效评价管理体系，财政部在 2020 年修订并印发《项目支出绩效评价管理办法》，为行政事业单位加强基本建设项目绩效管理提供了根本遵循。

行政事业单位要牢固树立绩效评价观念，并将绩效评价观念贯彻于基本建设项目全过程。从建设项目立项到项目竣工交付使用，要严格按照《项目支出绩效评价管理办法》进行考核评价，或者进行阶段性绩效评价。防止出现偏差，确保建设资金安全和发挥最大的效益。

第三章　基本建设财务管理流程

一、总述："前期准备—过程控制—交付评价" 三阶段

基本建设财务管理包括建设资金的筹集与使用、预算安排与执行、建设成本支出与控制、资产交付及竣工财务决算等内容，全程以提高建设资金使用效率为工作目标。基本建设财务管理工作贯穿于基本建设项目整个生命周期，是一个全过程的动态管理，其工作流程具体包括前期准备、过程控制、交付评价三个阶段。

二、前期准备

（一）组织保障

1. 建立组织运行机制

行政事业单位的法人是单位建设项目的总负责人。单位法人可根据工作需

要授权相关职能部门负责人全权负责本单位的基本建设工作，并临时组建由基建计划部门、工程管理部门和财务部门等共同参与的建设项目工作机构。明确基建计划、工程管理、财务等部门及工作人员的职责分工和权限。明确不相容岗位，确立建设项目招标与施工管理分开、工程结算审核与工程价款支付分开、项目实施与审核分开的制约机制。同时，建立部门之间畅通的沟通协调机制，确保项目建设各环节推进顺畅。财务管理部门要指定专人参与项目建设全过程。

2. 建立决策机制

科学合理的决策机制是行政事业单位基本建设项目顺利推进的重要保障。由于基本建设项目具有投资金额大、建设周期长的特点，建设项目决策组织要伴随建设项目整个生命周期。建设项目重大设计变更、大额资金支付等事项要纳入单位"三重一大"集体决策范围。杜绝"个人说了算""领导说了算"，任何个人不得随意改变集体决策意见。明确相关责任人的审批权限，任何人不得越权审批建设项目相关事项。工作中形成的项目决策文书（审批流转文件、会议纪要等）要妥善保管备查，接受主管部门和财政部门的监督。

3. 建立审核机制

行政事业单位建设项目编制项目建议书、撰写可行性研究报告、编制项目概算、编制项目预算以及控制建设成本、工程价款结算、编制竣工财务决算等全过程都离不开审核工作。由于行政事业单位专业技术人员力量不足，聘请专业的工程设计机构、监理机构、造价咨询机构、跟踪审计机构尤为必要。行政事业单位要在项目建设之初，高度重视各个环节的审核工作，聘请具有相应资质的中介机构对相关业务进行审核，并出具审核报告，为基本建设项目顺利实施、有效控制建设成本、提高建设资金使用效率保驾护航。

4. 建立保密机制

行政事业单位建设项目涉及保密工程的要严格按照保密工程要求办理相关审批手续并按照保密要求组织相关工程施工。对非涉密项目的高风险环节也要切实采取限制措施，如在招投标过程中避免泄露标底，评标过程要符合保密工作规范。

5. 建立廉政机制

针对工程建设领域腐败问题高发现象，行政事业单位项目负责人、相关部门工作人员要与本单位签订廉政责任书，工程承建单位要与行政事业单位签订廉政责任书，确保建设项目全过程在阳光下操作，不发生廉政风险。

6. 建立监督机制

一方面要接受财政部门和主管部门的监督，另一方面要接受群众的监督。

（二）制度准备及财务管理准备

1. 整章建制

行政事业单位要根据国家基本建设政策、规章制度制定适合本单位的基本建设相关制度规定，包括基本建设项目管理程序，基本建设立项审批管理办法，基本建设项目招投标、施工及造价管理办法等，对于规范基本建设工作流程，减少浪费，提高资金使用效益，加快推进项目建设，杜绝违规违纪甚至违法现象的发生具有重要作用。

2. 财务管理人员准备

行政事业单位要根据建设项目情况配备专职财务人员：建设项目财务负责人要求具备丰富的建设项目财务管理经验，人员数量视建设项目规模大小确定。财务人员要全过程参与建设项目的关键环节决策，并做好账务处理工作。

财务部门的工作职责为：

（1）全过程参与建设项目的关键环节决策，对基本建设项目按照项目单独设账、核算，按规定将核算情况纳入单位"大账"和财务报表体系。

（2）根据批复的建设项目概算编制项目（"两上两下"）预算，了解掌握建设项目工程进展情况，根据工程实际需要编制资金用款计划。

（3）组织工程管理部门、资产管理部门定期进行施工现场财产物资清查。

（4）审查建设项目相关合同，及时办理工程预付款。根据第三方审核报告办理工程价款结算，并及时登记入账进行核算。

（5）牵头基建计划部门、工程管理部门、资产管理部门等办理建设项目竣工财务决算，制定建设项目竣工财务决算管理办法，明确相关部门工作职责，并及时办理资产交付使用。根据批复的建设项目竣工财务决算，办理在建工程转固定资产账务处理等。

（6）定期向财政部门、项目主管部门报送基本建设财务报表和资料。

3. 内控制度准备

（1）成立行政事业单位建设项目内部控制工作小组。

一般由财务部门牵头行政事业单位建设项目内部控制制度的制定，相关基建计划部门、工程管理部门、政府采购部门、资产管理部门等参加组建建设项目内部控制工作小组，并明确各个部门的工作职责权限。

（2）明确行政事业单位建设项目内部控制建立依据及主要内容。行政事业单位基本建设项目投资额大，建立基本建设内控制度是规范建设项目管理，规避廉政风险的重要举措。按照财政部印发的《行政事业单位内部控制规范（试行）》，明确基本建设项目内部控制目标、总则、风险评估和控制方法、单位层面内部控制、业务层面内部控制、评价与监督等内容。

（3）明确行政事业单位基本建设项目内部控制原则和目标，将内部控制制度贯穿于项目建设全过程，实现对建设项目全程监督控制，特别是针对建设项目存在的重大风险，相关责任部门要明确职责分工、切实负责，形成相互制约和监督的工作机制。确保建设项目实施全过程符合国家相关规定、规范，杜绝舞弊和腐败情况的发生，提高建设资金使用效率。

（4）制定内控制度工作流程。行政事业单位基本建设项目总负责人是本单位建设项目内部控制制度建立和实施的第一责任人。相关部门根据建设项目的业务流程，梳理建设项目的关键环节，系统分析建设项目各个环节存在的风险点，制定风险应对策略，督促相关工作人员认真执行。

（5）建立建设项目风险评估机制。行政事业单位要成立建设项目风险评估工作小组，项目负责人担任组长，项目负责人每年至少召开一次建设项目风险评估工作会议，由基建计划、工程管理、财务等相关部门参加。相关部门要对建设项目全过程存在的主要风险点进行全面系统的梳理并发表客观评价，有效规避建设项目潜在的风险点。建设项目发生重大变化，项目负责人要召开会议，启动对建设项目风险再重估，并形成建设项目风险评估报告，报单位负责人（领导班子），作为领导决策依据。

（6）明确建设单位内部控制的控制方法。行政事业单位基本建设项目内部控制方法一般包括不相容岗位相互分离、内部授权审批和归口管理等方法，是内控制度执行的途径。因此，要明确各个关键岗位的职责权限，建立相互制约的监督工作机制，建立建设项目重大事项决策制度，明确建设项目业务办理的归口部门、牵头部门，避免部门之间相互推诿，影响建设项目进程。

（三）基本建设资金筹集与使用管理

1. 基本建设项目资金筹集

（1）行政事业单位基本建设项目资金主要是财政资金和自筹资金。行政事业单位建设项目资金必须纳入年度预算。行政事业单位拟建项目必须编制可行性研究报告（大中型项目为项目建议书），报上级主管部门或经主管部门报财政部、国家发展改革委审批。行政事业单位根据审批后的可行性研究报告编制设计文件，设计文件包括：编制方案设计，根据编制的方案设计编制初步设计和总概算；根据批准的初步设计和总概算，进行施工图设计。因此，行政事业单位在建设项目立项决策阶段，先明确项目建设资金渠道，按照规定申报建设项目资金，落实资金，合理安排资金支出计划，有效控制建设成本。

（2）行政事业单位非经营性建设项目的资金筹集要依法依规进行。对非经营性项目可多渠道筹集建设资金，但要规避和防范筹资风险。对以实物、无形资产投资等非货币资产投资的，要对非货币资产进行评估，根据第三方评估结果入账；在项目建设期间，资金投资人除依法转让、终止外，不得抽逃建设项目资本金。

（3）行政事业单位建设项目资金管理原则。建设项目资金管理实行专款专用原则，不得挪用和挤占，自觉接受财政部门和主管部门的监督。

2. 建设项目资金的使用管理

行政事业单位对建设资金的使用要严格执行国家规章制度，并结合建设项目预算和执行进度等执行。要规避和防范风险，合理控制项目支出范围，充分发挥建设资金使用效益。合同约定项目支出需执行国库集中支付的要严格履行国库集中支付手续。

3. 资金筹集与控制

资金筹集环节的风险点分析。行政事业单位建设项目的主要风险为：项目申报审批不严、概算编制不真实、项目资金筹集不到位，甚至出现抽逃建设项目资金的现象。

具体控制措施主要包括：

（1）强化审批流程。对于中央预算内直接投资项目，即国家发展改革委安排中央预算内投资建设的中央本级（包括中央部门及其派出机构、垂直管理单位、所属事业单位）非经营性固定资产投资项目，实行审批制。对申请安排中央预算内投资 3000 万元以上的项目，以及需要跨地区、跨部门、跨领域统筹投资的项目，由国家发展改革委审批或者委托中央有关部门审批。其中特别重大的项目由国家发展改革委报国务院审批；其余项目按照隶属关系，由中央有关部门审批后抄送国家发展改革委。经批准的项目，国家发展改革委在编制年度计划时统筹安排中央预算内投资。对于行政事业单位自筹资金项目，项目立项应报主管部门审批。

对于向财政部门申请的大中型修购资金项目，提前按照程序向财政部门申报，纳入财政项目库。对于自筹资金项目，按照规定程序报主管部门审批并报财政等部门备案。

（2）严格控制建设项目投资概算。建设项目的可行性研究报告、初步设计及投资概算是编制建设项目预算、申请项目建设资金的重要依据。因此，无论申请中央预算直接投资还是财政资金项目和自筹资金项目，均应按照规定的程序对可行性研究报告、初步设计及投资概算履行报批程序。同时，可行性研究报告、初步设计及投资概算的编制审批以及项目建设过程，应符合国家有关建设标准和规范。

（3）建立审计制度。定期对项目建设情况进行审计，防止行政事业单位建设资金不到位或者抽逃资金。大型建设项目要建立跟踪审计机制，聘请第三方审计机构对项目建设全过程进行审计。

（四）基本建设预算管理

行政事业单位基本建设项目预算是反映建设项目在整个建设期间主要财务收支的综合性预算，反映了建设单位完成项目建设所需资金的来源及资金使用情况。

1. 基本建设项目预算管理要求

行政事业单位基本建设项目预算要经上级主管部门统一纳入财政总预算管理。要按照财政部门要求编报项目文本，经评审后进入财政部门项目库；行政事业单位要将经过批复的建设项目概算作为编制预算的依据。建设项目预算编制要符合总投资规模、范围和标准，不得超出概算规模、范围编制项目预算；对建设项目中需要执行政府采购的部分，要编制相应政府采购预算。

2. 基本建设项目预算编制审批流程

编报"一上"预算：行政事业单位根据批复项目概算、工期计划、年度资金需求、自筹资金计划以及以前年度项目资金结转情况等，编制建设项目财政资金预算建议数，报项目主管部门审核汇总后报财政部门。财政部门审核后，对行政事业单位"一上"预算进行批复（"一下"预算），主管部门将批复结果书面反馈行政事业单位。

编报"二上"预算：行政事业单位根据批复的预算控制数，编制"二上"预算。"二上"预算编制要根据工程进展，细化建设项目不同阶段资金需求，合理编制并报项目主管部门审核汇总后报财政部门，财政部门审核批复（"二下"预算）。预算编制经过"两上两下"，进入预算执行。

3. 建设项目预算调整

若在项目建设过程中因政策调整致使建设项目停建、缓建，或者因设计缺陷导致重大设计变更造成建设项目资金大量结存或缺口较大，行政事业单位应及时向主管部门申请预算调整，主管部门审核后，报财政部门审批。

4. 建设项目预算控制

基本建设预算管理风险点分析。基本建设项目投资数额大、建设周期长，科学合理编制基本建设项目预算尤为重要。预算管理环节主要风险点为：预算执行审批程序不健全；年度预算编制不规范、内容不完整、内容过于笼统，数据不准确；财务部门编制预算不与基建计划、工程管理、资产管理等相关部门沟通，造成建设项目预算与项目实际资金需求不一致。预算执行不严谨，甚至出现超预算执行情况，对应纳入政府采购管理的工程项目不编制政府采购预算等。

具体控制措施主要包括：

（1）行政事业单位要明确建设项目预算编制责任部门，建立健全预算管理制度。

（2）建立预算编制协调机制。基建计划、工程管理等相关部门要与财务部门密切配合，合理编制建设项目预算。

（3）掌握预算编制的科学方法。财务部门应当正确把握预算编制有关政策，提高预算编制的科学性。规范内部预算追加调整程序，发挥预算对经济活动的管控作用。

（4）行政事业单位要建立预算执行审批制度。建设项目收支安排要以预算为依据。加强对预算执行的监督，不得突破预算范围办理项目支出。明确建设项目预算执行审批权限，杜绝无授权、超越权限审批的情况。

（5）开展预算执行分析。总结预算执行过程中存在的问题，提出整改意见，并督促执行。

（6）建立预算与决算管理的联动机制。

（7）建设项目预算执行中涉及政府采购内容的要及时编制政府采购预算。

三、过程控制

（一）基本建设成本管理

行政事业单位建设项目成本主要指按照工程建设规划的内容、建设规模、建设标准等固定资产发生的支出。建设项目成本支出包括建筑安装工程投资支出、设备投资支出、待摊投资支出和其他投资支出。

1. 建设成本管理任务

行政事业单位要贯彻执行国家基本建设投资的法律法规和财经制度，在保证工程质量和合理工期的前提下依法、合理、节约使用建设资金；做好建设成本预算的编制、执行、控制和监督，严格控制投资支出，防止超规模、超范围、超标准支出；正确归集和计算建设项目成本，及时准确反映各项工程的实际支出；考核基本建设项目预算执行情况和基本建设资金使用效益。

2. 建设成本开支范围

建设项目在概（预）算范围内发生的各项支出，均应列入项目建设成本，行政事业单位不得擅自超概（预）算，扩大建设规模、提高建设标准，扩大开支范围。

不得列入项目建设成本的情形：超过批准建设内容发生的支出；不符合合同协议的支出；非法收费和摊派；无发票或者发票项目不全、无审批手续、无责任人员签字的支出；因设计单位、施工单位、供货单位等原因造成的工程报废等损失，以及未按照规定报经批准的损失；项目符合规定的验收条件之日起 3 个月后发生的支出；其他不属于本项目应当负担的支出①。

3. 项目建设成本支出内容

项目建设成本支出如图 3-1 所示。

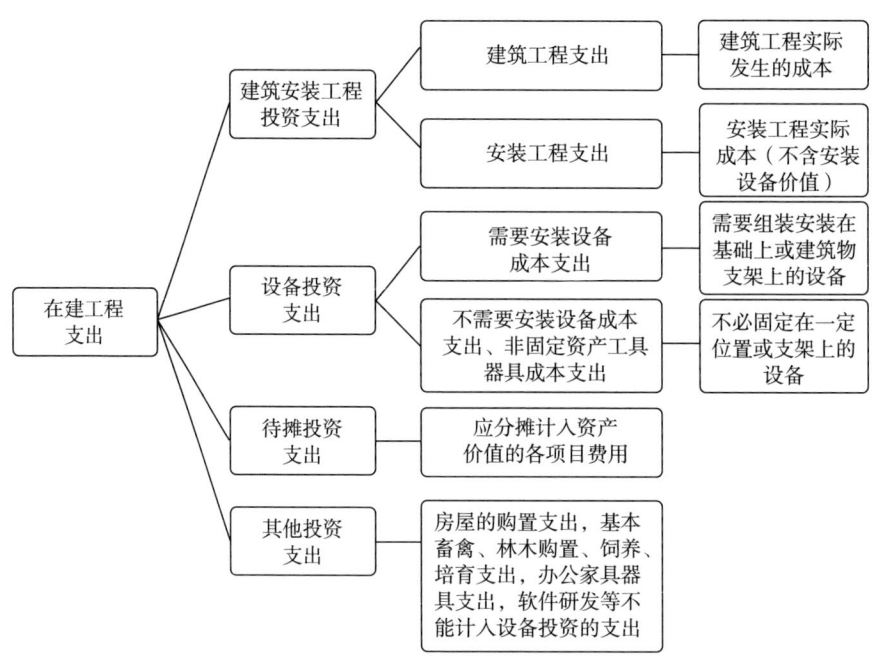

图 3-1 项目建设成本支出

---

① 参见《基本建设财务规则》（中华人民共和国财政部令第 81 号）。

行政事业单位建设项目建筑安装工程是指为新建、改建或扩建房屋建筑物和附属构筑物设施所进行的规划、勘察、设计和施工等各项技术工作和完成的工程实体以及与其配套的线路、管道、设备的安装工程，也指各种房屋、建筑物的建造工程，又称建筑工作量。这部分投资额必须兴工动料，通过施工活动才能实现。主要包括：地基与基础、主体结构、建筑装饰装修、建筑屋面、建筑给水排水及采暖、建筑电气等。

行政事业单位建筑安装工程投资支出的主要内容为完成建设项目发生的建筑工程和安装工程的实际支出，以及为项目配套发生的专项支出，如专用通信设施、送变电站、地下通道等。

行政事业单位设备投资支出除建设项目概（预）算明确的各类设备、管道、线缆及辅助装置的组合、装配和材料费用外，还包括消防、生活污水处理等设施支出。其分类为需要安装设备，不需要安装设备以及为生产准备的不够固定资产标准的工具、器具的实际成本。

待摊投资支出是指行政事业单位为完成工程项目建设，从工程筹建开始至工程竣工验收交付使用为止，除建筑安装工程投资支出、设备投资支出及工具器具购置外发生的所有支出，是保证建设工程顺利完成而产生的各类费用（见图3-2）。

行政事业单位项目建设管理费实行总额控制，分年度据实列支。总额控制数以项目审批部门批准的项目总投资（经批准的动态投资，不含项目建设管理费）扣除土地征用、迁移补偿等为取得或租用土地使用权而发生的费用为基数分档计算。

其他投资支出指行政事业单位按照批准的项目建设内容发生的房屋购置支出，基本畜禽、林木等的购置、饲养、培育支出，办公生活家具、器具购置支出，软件研发及不能计入设备投资的软件购置支出。

4. 基本建设成本全过程控制

行政事业单位基本建设项目的资金多为财政资金，有效地控制项目成本是建设项目评价的重要内容。只有在项目建设全过程中，采用科学的方法，深入挖掘潜力，降低成本，使人力、物力、财力等有限的资源得到充分利用，努力将各项费用控制在计划之内，有效控制成本，才能取得最佳的投资效益和社会效益。

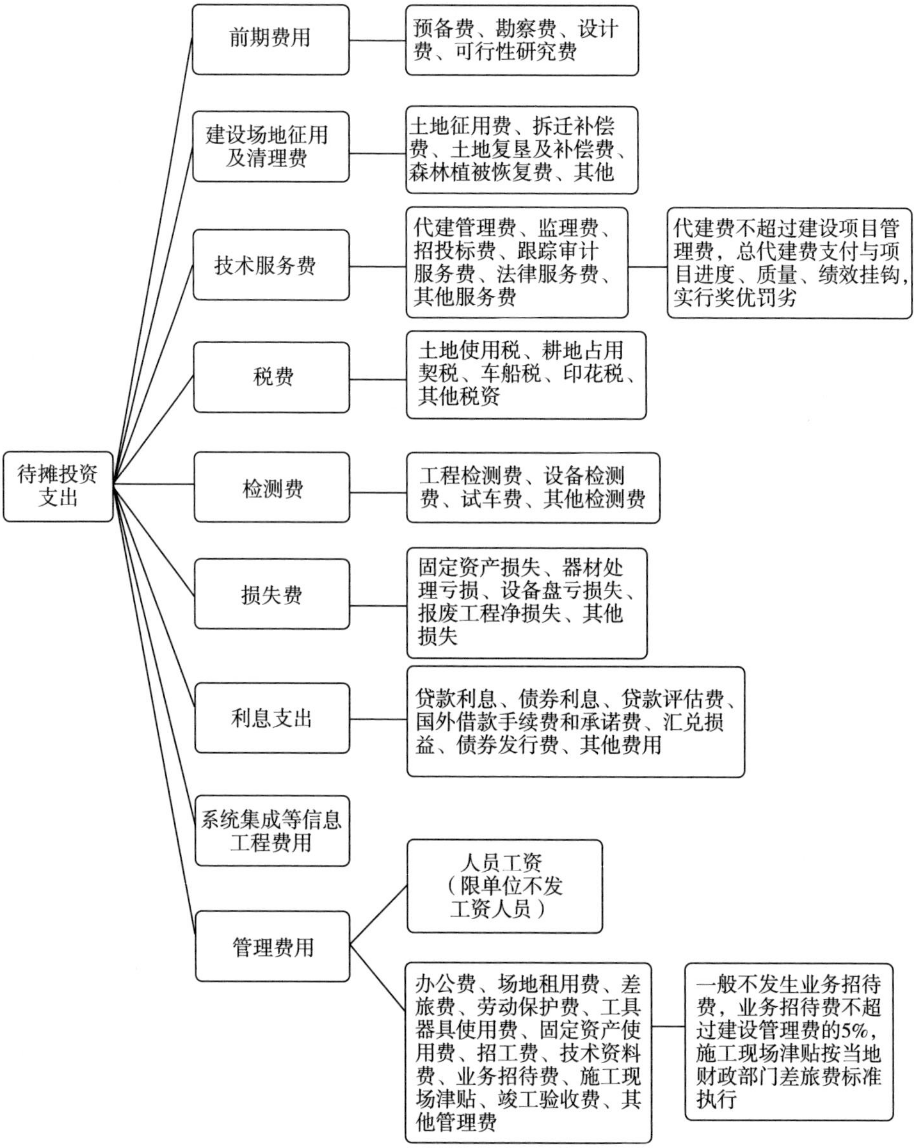

前期费用	预备费、勘察费、设计费、可行性研究费	
建设场地征用及清理费	土地征用费、拆迁补偿费、土地复垦及补偿费、森林植被恢复费、其他	
技术服务费	代建管理费、监理费、招投标费、跟踪审计服务费、法律服务费、其他服务费	代建费不超过建设项目管理费，总代建费支付与项目进度、质量、绩效挂钩，实行奖优罚劣
税费	土地使用税、耕地占用契税、车船税、印花税、其他税资	
检测费	工程检测费、设备检测费、试车费、其他检测费	
损失费	固定资产损失、器材处理亏损、设备盘亏损失、报废工程净损失、其他损失	
利息支出	贷款利息、债券利息、贷款评估费、国外借款手续费和承诺费、汇兑损益、债券发行费、其他费用	
系统集成等信息工程费用		
管理费用	人员工资（限单位不发工资人员）	
	办公费、场地租用费、差旅费、劳动保护费、工具器具使用费、固定资产使用费、业务招待费、施工现场津贴、竣工验收费、其他管理费	一般不发生业务招待费，业务招待费不超过建设管理费的5%，施工现场津贴按当地财政部门差旅费标准执行

待摊投资支出

图 3-2　待摊投资支出

（1）基本建设成本控制风险点分析。

设计阶段：由于设计不规范导致设计变更增加工程造价的风险。

工程招投标阶段：未按照规定组织施工招标，主要领导干预项目招标工作，搞暗箱操作，建设单位与投标单位相互勾结，组织围标、串标；对建设项目进行拆分招标，规避公开招标；中标单位转包工程，收取高额管理费。采取低价中标、高价索赔等违规操作，造成建设成本不可控。

施工阶段：使用虚假发票、虚签供货合同、服务合同，套取国家建设资金。虚增工程变更洽商内容、虚增工作量、虚增材料价格、增加工程造价，骗取国家建设资金。随意列支项目建设管理费用，如相关人员国内外旅游费、业务招待费。以各种培训费、会议费、咨询费等套取建设资金；虚列建设成本套取银行贷款等。

（2）具体控制措施。

1）项目投资决策控制。

投资决策阶段的成本控制是建设成本控制的关键环节，其直接决定项目施工阶段的成本控制是否合理。

决策控制：

一是积极开展项目决策前准备工作，认真收集相关信息，如项目所需材料、设备类型及工艺参数需求等。

二是根据市场需求和发展前景，合理确定建设规模和建设标准。

三是科学分析，编制项目投资估算。投资估算尽可能全面细致，充分考虑施工过程中可能出现的各种情况和不良因素对项目成本的影响，考虑市场情况和施工期间价格波动的影响，真正发挥控制项目总投资的作用。

设计控制：

项目设计阶段的工程造价管理对整个项目成本管理起决定性的作用。

一是项目设计要符合单位确定的建设规模和建设标准。合理确定工程造价，工程造价是编制工程概（预）算的基础，因此强化设计规范及设计审核是有效控制建设成本的基础。

二是开展技术经济分析。

三是初步设计完成后，建设单位应当组织有关专家论证，优化设计方案，使最终设计更加科学和经济。

四是审查预算，完善改进。设计阶段的施工图预算估计为编制工程造价的基础，要求完整和准确，并考虑各种各样的价格波动。

五是组织设计招标。通过设计招标方式选择技术力量强、设计质量高、经验丰富、责任心强的设计单位。

六是建设单位要配备专业的造价人员，对设计工作进行全程跟踪，从项目开始就要对建设标准、功能定位、装修档次、设备选型等建立比选程序，反复推敲，不断地优化设计方案，尽可能地节约成本。

2）建设项目招投标及政府采购控制。

建设项目招投标过程是依据相关法律法规，按照规定程序，以公开、公正、公平的原则确定中标人的一种经济活动。合理确定建设项目招标价格，可有效地控制工程造价。

控制措施：

一是完善建设项目在招投标及政府采购环节的预算控制。行政事业单位应当建立健全建设项目招投标及政府采购预算与计划管理等制度。明确相关岗位的职责权限，确保招投标及政府采购需求制定与内部审批、招标文件准备与审核等不相容岗位相互分离。

二是对工程招投标及政府采购活动进行控制。在工程招投标及政府采购活动中建立招标、财务、内部审计、资产管理等部门相互协调、相互制约的机制。行政事业单位应当加强对工程项目招投标及政府采购程序的内部审核，按照已批复的概（预）算组织招投标及政府采购活动。

行政事业单位要加强对招投标文件的审核。一般委托有资质的招标代理公司进行相关建设项目的招投标及政府采购工作，由招标代理公司编制招标文件，建设单位要安排专业人员对招标文件进行审核确认，尤其是工程量清单的编制要与建设需求相吻合，可有效控制建设成本。要组织投标单位实地踏勘工程现场，进行答疑，确保招标过程合法合规。

三是加强对招投标及政府采购活动的监督。行政事业单位应当加强对建设项目招投标及政府采购活动的监督管理。严格执行《中华人民共和国招标投标法》《中华人民共和国政府采购法》及中央国家机关政府采购工程施工项目采购、工程监理服务项目采购、造价咨询服务项目采购及设备采购等有关规定。

四是加强对建设项目招投标及政府采购业务质疑投诉的管理。指定牵头部门负责、相关部门参加，按照国家有关规定做好相关业务质疑投诉答复工作。

五是行政事业单位要加强对建设项目招投标及政府采购业务的记录控制。妥善保管与建设项目计划、批复文件、招标文件、投标文件、评标文件、合同文本、核验记录等相关的资料。定期对招投标及政府采购业务信息进行分类统计，并在内部进行通报。

六是涉密工程采购控制。行政事业单位应当加强对涉密工程项目招投标及政府采购活动的安全保密管理。对于涉密项目，应当与相关供应商或采购中介机构签订保密协议或者在合同中设定保密条款。

3）施工管理控制。

建设项目进入施工阶段，建设规模和建设标准已经明确，由于施工过程的复杂性，行政事业单位应加强施工现场管理，杜绝投资浪费。

一是行政事业单位必须指派经验丰富的施工现场管理人员和工程技术人员，明确其工作职责。通过合理安排生产工序，在保证工程质量的前提下加快项目建设速度，有效控制建设成本。

二是加强现场施工管理和签证管理。行政事业单位施工现场管理人员要监督施工方根据图纸施工，并严格控制项目建设中发生变更洽商的情况，以免对材料替代、增加工程量造成建设成本增加，无特殊情况不得进行设计更改。如果确需进行变更，要先做预算，做到无预算不列支，严格建设成本控制。

行政事业单位施工现场管理人员要督促施工方做好各种记录，特别是隐蔽工程记录。由于隐蔽工程完成后，无法再进行核实，如果现场签证手续不全，造成隐蔽工程量计算不准确，势必增加工程结算的难度。因此，一定要制定完备的隐蔽工程现场签证制度，认真做好隐蔽工程验收记录，项目监理单位也要切实履行监理责任，对隐蔽工程量据实签字确认。

三是建设项目监理单位要定期组织召开监理例会，解决施工单位提出的相关问题，涉及对设计进行变更的需要设计单位、建设单位、监理单位、承建方四方签字确认，否则不可作为增加建设成本的依据。

四是控制建设项目主要材料价格，对同样材质的主材，利用批量采购优势通过比选的方式，选择性价比高的建筑材料，合理控制项目成本。

4）施工合同控制。

施工合同是构成建设单位成本的主要内容。行政事业单位施工现场管理人员要加强对施工单位履行施工合同的监督管理。

一是行政事业单位施工现场管理人员要严格控制合同外增加项目，对由于条件限制必须增加的项目，要经过设计单位、监理单位、施工单位进行充分论证，确定方案，报行政事业单位施工现场管理人员确认后实施。对涉及重大变更的，行政事业单位施工现场管理人员要按照程序报单位负责人或者单位领导决策层审议。要对增加的建设费用进行合理估计，必要时进行预算调整，避免发生工程造价不可控现象。

二是加强对建设项目合同的审核、审批、执行、归档和管理。防止签订虚假合同等违法乱纪事项的发生。

（二）基本建设收入管理

基本建设收入是指在基本建设过程中形成的各项工程建设副产品变价收入、负荷试车和试运行收入以及其他收入。

1. 基本建设收入分类

基本建设收入分类如图3-3所示。

2. 基本建设收入管理风险点分析

基本建设收入不入账，设置账外账"小金库"，进行体外循环。违规发放职工奖励、福利等开支。

3. 基本建设收入管理控制措施

（1）建立制约机制。行政事业单位要建立工程现场处理物资等变价收入人员、财务人员、收入合同审批人员相互分离的工作机制。项目建设期间取得的收入要全部纳入行政事业单位财务部门归口管理并进行会计核算，严禁设立账外账。

（2）相关部门签订收入合同（协议）要按照权限进行审批后签订，并及时送财务管理部门备案，作为账务入账的依据。

（3）财务管理部门要定期梳理收入合同履行情况，核查收入到账金额是否与相关合同一致；对应收未收合同应当查明情况，督促相关部门催交收入。

（4）对具有政府非税收入收缴职能的单位，要将征收的政府非税收入，及时足额上缴国库或财政专户，不可以截留、挪用或者私分。

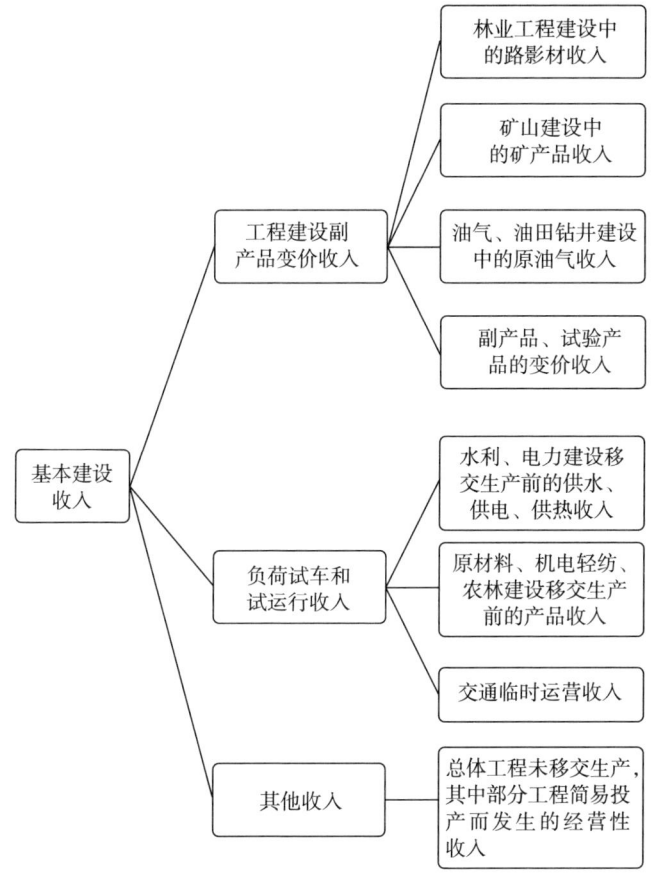

图 3-3　基本建设收入分类

（5）建立健全收入票据管理制度。行政事业单位财务部门严格票据管理，不得违规开具收入票据。

（6）财务部门对建设项目所取得的基建收入扣除相关费用要依法纳税，并及时办理税款缴纳。

（三）基本建设结算管理

工程价款结算是施工企业完成项目建设后，按照与行政事业单位签订的建设项目发承包合同向行政事业单位收取工程价款的活动。

1. 基本建设项目结算管理原则

（1）工程价款结算应坚持诚信、守法、平等的原则。行政事业单位不得以任何理由拒绝办理工程价款结算。

（2）工程价款结算应按照工程概（预）算及合同约定办理。对建设项目承包企业擅自提高建设标准、扩大建设规模、增加概算外项目应拒绝办理结算手续。

（3）工程价款结算按照工程进度办理。行政事业单位应根据与施工企业签订的合同，制定工程进度表和工程价款结算计划，并根据建设项目进展的实际情况调整结算计划。施工企业根据建设项目完成实际情况提出结算申请，行政事业单位工程管理现场代表签字确认，施工企业提供相应的结算凭证。

（4）工程价款结算支付必审原则。行政事业单位工程项目竣工验收后，要及时办理各类合同款支付。按照工程价款结算支付必审的原则，行政事业单位应委托有资质的第三方工程造价咨询公司对各类合同的执行情况进行审核，并出具审核报告。

2. 合同外工程价款结算

行政事业单位工程价款结算首先应按照甲乙双方签订的合同约定办理，对于合同外发生的工程价款结算，甲乙双方依据国家有关政策、法规协商解决，并及时签订补充协议。

3. 工程价款结算管理主要因素

行政事业单位工程价款结算的主要依据是与施工企业签订的合同，由于合同范本基本是制式合同，建设单位要对合同中关于结算的内容加以关注。

（1）合同价格。合同价格一般包括固定总价、固定单价和可调价格。甲乙双方要协商选择一种双方接受的合同价格。合同工期较短且工程合同总价较低的工程，可以采用固定总价合同方式。

（2）合同价款调整。导致工程价款调整的因素主要为设计变更、国家政策调整、价格调整、非施工单位原因造成停工、停产等。工程价款调整应严格按照规定程序申报，施工企业应当在合同规定的调整情况发生后 14 天内，将调整原因、金额以书面形式通知行政事业单位，行政事业单位确认调整金额后将其作为追加合同价款的依据，与工程进度款同期支付。行政事业单位收到承包人通知后 14 天内不予确认也不提出修改意见，视为已经同意该项调整。当合同规定的调整合同价款的调整情况发生后，施工企业未在规定时间内通知行政事业单位，或者未在规定时间内提出调整报告，行政事业单位可以根据有关资料，决定是否调整和调整的金额，并书面通知施工企业。①

（3）工程价款结算。

工程价款结算的内容具体如表3-1所示。

表 3-1　工程价款结算

工程预付款结算与支付				
工程类别	预付方式	付款时间	抵扣方式	结算款支付流程
包工包料	比例预付 10%~30%	合同签订 1 个月内或开工前 7 天	合同约定抵扣	承包方提出申请、监理单位审核后送行政事业单位工程管理部门、财务部门审核。工程管理部门填制工程款预付审批表，报领导审批后，财务部门根据领导审批的预付款审批表和施工方开具的票据办理付款手续
重大工程	年度工程计划			
按月支付	承包方完工工程量，行政事业单位 14 天内核实确认。承包方超出设计变更范围及承包方原因造成返工，行政事业单位不予确认	承包方提交工程量第 15 天支付确认工程量的 60%~90%	合同约定抵扣	工程量确认后，承包方提出申请、监理单位审核后附工程量审定表送行政事业单位工程管理部门、财务部门审核。工程管理部门填制工程进度款审批表，报领导审批后，财务部门根据领导审批的工程进度审批表和承包方开具的票据办理付款手续
按阶段支付				
工程竣工结算与支付				
工程竣工结算类型	工程竣工结算书编制	审查单位	审查内容	支付程序
单位工程竣工结算	总承包人编制	行政事业单位审查或在总承包人审查的基础上，送行政事业单位审查（一般委托具有相应资质的工程造价咨询机构审查）	设计变更、现场签证、材料和设备价格变化、政策变化、补充协议等内容。编制基本建设工程结算审核对比分析表和基本建设工程结算审核定案表，出具审核报告，审核报告造价工程师要签字，加盖执业专用章和单位公章	承包方根据基本建设工程结算审核定案表（行政事业单位、承包方审核签字确认）提出结算申请。行政事业单位工程管理部门编制工程竣工结算付款审批表，财务部门根据领导审批意见和施工单位开具的票据办理付款手续。同时要扣除 5% 的质保金
单项工程竣工结算或建设项目总竣工结算	总承包人编制	行政事业单位可直接进行审查或委托具有相应资质的工程造价咨询机构进行审查		

---

① 参见《财政部建设部关于印发〈建设工程价款结算暂行办法〉的通知》（财建〔2004〕369号）。

4. 基本建设项目结算管理风险

建设项目工程结算的主要风险是拖欠工程款引发的纠纷。引发纠纷的主要原因为：

（1）工程量变动引起的结算纠纷。工程量变动一般是由承包方做书面变更申请，经行政事业单位审批后再施工。工程建设过程中增加合同外工作量需要建设单位、施工单位、设计单位、监理单位四方确认。如果仅凭（承包方）施工日记进行结算，建设单位会提出异议。隐蔽工程由于隐蔽在墙体中的管线铺设无法复核，如果缺少现场签证、监理签字确认等资料容易造成工程量争议。

（2）竣工决算时间的争议。由于竣工价款结算与建设项目竣工时间密切相关，因此如果行政事业单位和承包方对竣工决算日期的认定不同，容易引发工程价款结算争议。

（3）工程未能如期竣工造成违约风险。一方面因承包方管理不当造成竣工延期，另一方面是行政事业单位的原因造成未能如期竣工，如行政事业单位建设项目合同签订后，未能按照合同约定给施工单位提供进场条件，施工过程中改变设计，不按时支付工程进度款等造成延误工期。

（4）建筑材料品质的争议。承包方未使用建设项目工程招投标时约定的主要建筑材料引起纠纷。

（5）质保金争议。建设工程竣工移交后，承包人按照合同要求应在一年内进行保修。一般情况下，行政事业单位预留5%的工程款作为质保金。如果承包方在保修期内未完全履行保修义务，有可能产生质保金争议。

（6）社会不稳定风险。由于工程项目结算争议导致承包方资金不到位，企业长期不能按时、足额支付建筑工人工资及养老保险金等福利待遇，导致建筑工人基本生活得不到保障，甚至出现建筑工人下岗、待岗情况。我国建筑企业的工人多为农民工，建筑企业不能如期结算工程款造成拖欠农民工工资现象时有发生，增加了社会不安定因素，建筑企业维权、农民工维权对行政事业单位造成负面影响。

5. 工程价款结算管理控制

行政事业单位要建立健全工程价款结算制度，规范工程价款结算审批流程、明确相关部门的工作职责，确保工程价款结算及时、准确，符合国家制度规定，避免结算风险。

（1）结算前准备工作。

一是梳理相关资料，如施工合同、各分项工程原始预算表、施工图纸及变更、现场临时签证以及施工单位提供的竣工图和结算书等。

二是深入施工现场核实工程量。行政事业单位要派专业的结算审核人员对工程量进行核实，对各类隐蔽工程的工程量更要认真核实，如管道工程的实际开挖宽度、混凝土管道的垫层和基础厚度以及管道两侧回填砂石的厚度等内容，避免施工单位偷工减料而给建设单位造成经济和质量损失。为了便于核实隐蔽工程，在施工过程中建设单位可要求在隐蔽工程验收时必须有审计人员到场参与验收，从而做好工程量和各项资料的记录。

三是加强变更与签证管理。结算审核人员要确认变更通知书和现场签证内容的合理性，避免施工单位私自变更工程内容而向建设单位索要费用的现象。

四是加强材料价格与差价的审核。

（2）主要控制措施。

一是行政事业单位应当明确单位内部工程管理部门、基建计划部门、财务部门在工程价款结算中的职责、权限，避免工程价款结算业务由一个部门全程办理，建立相互制约的结算机制。

二是行政事业单位要制定工程结算款支付流程，确定支付预付工程款、支付工程进度款、竣工结算款的申请、审核、审批、支付、核算和归档等工作。

三是工程价款结算涉及国库集中支付的，严格按照国库集中支付手续办理。

四是加强工程价款结算单据审核。重点审核设计变更、工程量清单、现场签证等资料的真实性，要确保工程结算单据内容真实、完整，审批手续完备。

五是开展建设项目结算审核工作。建设项目竣工后，相关各类合同进入结算阶段。行政事业单位对工程价款结算要委托有资质的第三方工程造价咨询公司进行审核。工程造价咨询公司根据项目概（预）算、合同履行情况、工程进展情况、工程量清单、工程变更洽商、现场签证等资料对建设项目工程造价进行全面审核。对隐蔽工程施工单位要提供现场签证、现场施工视频等影像资料，确保隐蔽工程量真实。工程造价咨询公司要出具建设项目工程结算审核定案表、建设项目工程结算对比分析表，确定审减额，并经过行政事业单位、施工单位确认签字后执行。

行政事业单位对大中型建设项目一般应聘请有资质的审计公司对建设项目进行全程跟踪审计，有效控制建设项目成本。

六是加强合同管理。合同管理是行政事业单位风险管理的主要内容，加强合同管理是所有风险控制的第一步。在建设工程施工合同中，当事人双方的权利义务源于法律规定或合同约定。工程价款结算引发的纠纷，往往是建设单位、承包人对建设工程合同的签订与履行不规范造成的。因此，加强并完善建设工程合同管理，是合同完满履行、减少诉讼或仲裁不确定性法律风险的最佳途径。

行政事业单位应聘请法律顾问，加强对各类工程合同的事前审核，有效规避法律风险。

（四）基本建设竣工财务决算管理

项目竣工财务决算是以货币计量和实物计量的方法综合反映建设项目概（预）算执行结果，正确核定固定资产价值，办理固定资产交付使用的主要依据。从动态角度看，基本建设资金运动一般经历资金投入、资金使用和资金冲转三个阶段，不体现资金循环和周转，也不会产生资金增值①。

1. 基本建设竣工财务决算编制主体

行政事业单位是建设项目竣工财务决算编制的责任主体。单位法人或者授权的主要负责人对编制建设项目竣工财务决算负主体责任。

行政事业单位法人或者授权的主要负责人可按照单位内部职能部门的职责分工授权相关部门负责项目建设的全过程管理，对建设项目的质量安全、工程进度和资金安全负全责。负责协调相关部门及时、完整、准确编制建设项目竣工财务决算，确保建设项目工作的完整性，并自觉接受上级主管部门和财政部门的监督。

行政事业单位要高度重视建设项目竣工财务决算编制工作，在建设项目竣工验收之前成立建设项目竣工财务决算领导小组，建立由财务部门牵头，相关基建

---

① 柴忠信. 发电基本建设项目竣工财务决算编制实务［M］. 北京：中国电力出版社，2015.

计划部门、工程管理部门、资产管理部门、档案资料管理部门等积极配合的工作机制。制定编制建设项目竣工财务决算的时间表、路线图；落实财务部门、基建计划部门、工程管理部门、资产管理部门、档案管理部门、审计部门等的工作职责以及责任人，并通知建设项目的施工单位、设计单位、监理单位指定专人配合行政事业单位做好竣工财务决算编制工作。严格按照基本建设财务管理规定，客观、详实编制基本建设项目竣工财务决算。在建设项目竣工财务决算未取得批复之前，相关责任人员不得调离。

2. 建设项目竣工财务决算编制时限

行政事业单位应在建设项目竣工验收交付使用后 3 个月内完成竣工财务决算编报工作，特殊情况下，大型建设项目一般可延长至 6 个月。

行政事业单位建设项目竣工财务决算尚未编制完成，如涉及机构调整或撤销的，要做好建设项目移交工作。行政事业单位要成立善后工作小组，明确分工，做好相关资料整理并向承接单位移交。对于建设项目负责人、财务负责人以及主要工程技术人员确需调离的，要协助承接单位做好该项目竣工财务决算编报相关工作。

3. 竣工财务决算编制依据

（1）政策依据。行政事业单位以现行法规《基本建设财务规则》（中华人民共和国财政部令第 81 号）和《基本建设项目竣工财务决算管理暂行办法》（财建〔2016〕503 号）等相关文件为指导进行编制。

（2）行政事业单位建设项目要具备编制竣工财务决算的基本条件：①建设项目所有的设计功能已经完成；②全部建设资金已经到位；③全部工程价款结算完成审核；④总体预留尾工工程款不超过总投资概算的 5%；⑤不存在重大法律诉讼风险；⑥其他影响竣工财务决算编制的重大事项处理完成。

（3）编制建设项目竣工财务决算文件资料准备齐全。建设项目前期资料包括：①建设项目可行性研究报告、初步设计、概算批复及概算调整批复文件；②建设项目招标文件、招标投标书，中标通知书、总包施工合同，勘察设计合同、代建合同、监理合同以及设备采购等；③财政部门及上级主管部门下达的历年年度财政资金投资计划及预算；④施工过程资料；⑤设计变更材料；⑥所有工程价款结算资料；⑦会计核算资料；⑧其他有关资料。

4. 竣工财务决算编制主要内容

行政事业单位基本建设项目竣工财务决算的构成为：基本建设项目竣工财务决算说明书、基本建设项目竣工财务决算报表（见附录1）、基本建设项目竣工财务决算审核表（见附录2）以及相关资料。

基本建设竣工财务决算说明书编制要求：①行政事业单位建设项目竣工财务决算说明书要简要介绍建设项目的基本情况，包括项目建设背景、立项批复情况、概（预）算批复情况等；②项目建设期资金到位情况，包括财政资金、自筹资金拨款情况，建设项目预算申报情况及批复情况等；③建设项目资金使用情况以及资金结余情况（合同执行情况、前期费用支出情况、征地拆迁补偿等）；④建设项目账务核算情况，财产物资、债权债务清理清查情况；⑤预算执行分析情况；⑥尾工工程及预留质保金情况等；⑦主要技术经济指标的分析情况；⑧建设项目自查自纠、接受主管部门检查整改情况；⑨建设项目内部控制制度建设与执行情况；⑩项目建设取得的管理经验及存在的主要问题等。

5. 建设项目竣工财务决算编制程序

（1）组织保障。

行政事业单位要高度重视建设项目竣工财务决算编制工作，及时组建建设项目竣工财务决算编制工作小组，加强对建设项目竣工决算编制工作的组织领导。

建设项目竣工验收完成后，行政事业单位应及时成立项目竣工决算编制工作小组，单位主要负责人和项目建设负责人任组长和副组长，成员由单位内部相关部门主要负责人参加。

项目竣工财务决算编制工作小组工作职责：负责制定项目竣工财务决算编制工作方案及相关资料的收集、整理、归集；定期召开会议，听取各部门的工作汇报，研究竣工财务决算编制过程中出现的重大问题，对本单位竣工财务决算报告进行审查。工作小组由财务部门牵头，基建计划部门、工程管理部门、资产管理部门、审计部门、档案管理等相关部门全程参与，协同做好竣工财务决算的编制工作。

（2）明确各部门工作职责。

行政事业单位建设项目竣工财务决算编制工作方案中要明确各部门工作职责（见表3-2），主要包括：

1）财务部门工作职责。财务部门是编制建设项目竣工财务决算的归口管理部门，负责建设项目竣工财务决算编制的日常组织工作。具体为负责建设项目日常核算工作，做好收入、支出总账设置，在单位财务"大账"设置"在建工程"科目核算建设项目日常支出，同时按项目增设辅助账；做好日常建设项目支出审核工作；负责相关资料整理归集；负责编制建设项目竣工财务决算说明书、竣工财务决算报表及审核表；负责对建设项目财务账进行清理，厘清建设项目历年财政资金拨款情况和自筹资金到位情况，预算编报情况，预算执行情况分析、资金结余情况；梳理核对建设项目所有成本开支情况，建设项目收入以及基本建设借款利息等，并对建设项目发生的各项往来款进行全面清理核对。必要时可聘请中介机构完成建设项目竣工财务决算的编制工作。

2）基建计划部门工作职责。负责提供建设项目前期资料，包括：建设项目可行性研究报告、初步设计报告及概（预）算批复文件、概（预）算调整批复文件等资料；负责工程项目前期费用梳理，提供年度投资计划；负责提供投标文件、中标文件、施工合同、监理合同、勘察设计合同、设备采购合同及其他政府采购合同等文件；配合财务部门、工程管理部门和资产部门做好建设项目竣工财务决算编制的相关工作。

3）工程管理部门工作职责。负责提供建设项目施工阶段相关文件资料，包括工程施工合同管理履约资料、工程变更洽商等相关资料，提供工程监理及质量鉴定情况及相关资料、建设项目竣工验收资料、建设项目规划验收资料；工程管理部门要对未完工程进行客观估计，协调财务部门、基建计划部门、资产管理部门等对施工现场进行清理，对工程物资进行盘点、造册。对拟交付使用资产进行造册登记，并实地盘点，为建设项目办理资产交付做好准备；整理建设项目现场施工图等资料，向资产管理部门（生产部门）、档案部门办理移交。

4）资产管理部门（生产部门）职责。负责交付使用资产的接收和管理，参与建设项目试运行、建设项目竣工验收；核实规划材料，对建设项目相关配套设施的权属进行梳理，核实拟接收交付使用资产的具体信息：如相关楼栋位置、编号，相关设备名称、数量、型号、安装部位，建立交付使用资产、设备台账；配合财务部门编制项目竣工财务决算。

5）审计部门工作职责。负责建设项目全程跟踪审计，对建设项目相关的合同等资料、工程价款结算资料进行审核，负责配合项目主管部门对建设项目进行审计，负责审计事项整改。

6）物资管理部门职责。负责建设项目物资收发管理，负责建设项目竣工前的物资清理造册登记工作。配合财务部门、工程管理等进行物资清查。

7）综合部门职责。负责提供项目建设期的重大会议记录、工作总结及工程影像等文件资料。

表 3-2　行政事业单位编制建设项目竣工财务决算责任部门及提供资料清单

序号	责任部门	资料名称	责任人	完成时限	备注
1	基建计划部门	建设项目立项审批文件、可行性研究报告、初步设计批复文件、重大设计变更批复文件			
		建设项目概预算申报书、批复文件，建设项目前期费用批复文件			
		概（预）算执行情况分析、工程造价审核报告			
		建设项目招投标文件、中标通知书、建筑施工合同、安装合同、服务合同、政府采购合同			
		建设项目拆迁文件、土地征用批复文件等			
2	财务部门	建设项目预算批复文件、单位预决算报表、建设项目总账、明细账、辅助账及凭证			
		预算执行情况分析、编制项目竣工决算基准日会计报表、科目余额表			
		借款合同、基本建设投资明细表、资金到位明细表			
3	工程管理部门	工程质量验收报告、工程竣工验收合格报告			
		建设单位、设计单位、施工单位和监理单位建设项目工作总结			
		建筑安装工程施工合同清册、预付工程款台账			
		工程设计变更、洽商变更文件资料及相关图纸资料			
		预计未完工程明细表、工程量及预算			

续表

序号	责任部门	资料名称	责任人	完成时限	备注
4	资产、物资管理部门	建设期间固定资产增加清单、低值易耗品领用清单，拟移交资产、设备清查清单			基建计划、工程管理、财务部门协同
		物资采购合同、收发台账等			
5	审计部门	工程价款结算审核报告、历次主管部门监督检查报告及整改情况资料			
6	综合部门	印发的建设项目内部控制等管理制度、单位就建设项目的重要会议纪要、工程大事记等			
		工程现场影像资料			

（3）资料积累。

行政事业单位建设项目竣工财务决算是反映工程建设过程中进度、质量、概算执行的成果性文件，在做好日常基础工作的同时，还要做好相关资料积累工作。系统梳理从项目立项开始至工程竣工验收各个阶段的资料及与项目竣工财务决算相关资料。

（4）资产清查。

行政事业单位在编制建设项目竣工财务决算前，各个部门协同要扎实做好各项清理工作。

主要内容包括：

1）财务账清理。重点清理债权债务、应收应付工程款；核对建设项目账目收支情况、防止漏记、错记收支，针对问题及时进行账务调整；财产物资核实处理；档案资料归集整理等。

2）清查工程物资。主要清查建设工程物资收发记录，对未使用的设备物资进行造册登记，做好账务处理，防止重复列支建设成本。

清查交付使用资产，对拟交付使用资产到现场清查核对，清查结果作为编制《交付使用资产明细表》的依据。现场房屋建筑物清查重点是房屋建筑物名称、结构层次、建筑面积、坐落地点等，现场设备资产重点清查设备名称、规格型号、数量、安装部位等，如表3-3、表3-4所示。

表3-3 行政事业单位建设项目房屋（构筑物）清查表

项目名称：职工住宅项目   清查地点：

序号	房屋名称	坐落地点	结构层析	建筑面积（平方米）	备注
1	住宅1号楼	东区北侧	8		

清查负责人签字：

表3-4 行政事业单位建设项目设备清查表

项目名称：   清查地点：

序号	资产名称	品牌规格型号	单位	数量	存放位置	备注
一	弱电设备					
1	网络视频服务器（编码器，含录像存储设备）	海康威视 DS-6508HF-SATA	台		A区1、6层/B区1、6层/C区1、5、9层	
2	机柜	恒利铭 800×600×2000	个	7	A区1、6层/B区1、6层/C区1、5、10层	

清查负责人签字：

3）清理基本建设借款。行政事业单位建设项目涉及借款的，要按照建设项目借款的起止时间、借款本金数额、利率和计入建设成本的利息等项目进行核实。建设项目交付使用后，借款利息就不能计入建设成本。因此要准确计算计入建设成本的利息金额，在此基础上编制基本建设投资借款明细表，如表 3-5 所示。

表 3-5　行政事业单位建设项目借款清查表

建设项目名称：

序号	借款本金	利率	利息	借款日期	到期日期	支付建设成本利息	备注

清查负责人签字：

6. 投资核实

行政事业单位在编制建设项目竣工财务决算前，要对照建设项目规划、概（预）算，通过在建工程（建筑工程、安装工程、待摊投资支出和其他投资支出）投资进行核实，重点核实超规模、超范围、超标准建设内容。确保建设项目投资各项支出符合批复的规划、概（预）算，规避审计风险。

（1）核实建筑工程、安装工程等投资支出，按照合同逐项梳理支出内容、合同支付进度。设计变更、现场洽商审批手续是否齐全、核实对投资预算的影响。

（2）核实预计未完工工程投资，各项未完工工程投资合计数不得超过概算总额的 5%，列入尾工工程的项目必须是建设项目概算内的项目，如涉及概算外项目，必须有项目变更审批文件或者上级批准文件。

（3）核实项目资金。核实项目资金来源包括财政资金、银行贷款、企业债券资金、自筹资金及其他资金等，编制资金情况明细表。

（4）核实待摊投资。梳理并编制待摊投资明细表。

确定待摊投资的分配方法：

对建设工期较短、整个项目的所有单项工程一次竣工的建设项目。按照实际分配率分配。

实际分配率＝待摊投资明细科目余额÷（建筑工程明细科目余额＋安装工程明细科目余额＋设备投资明细科目余额）×100%

对建设工期长、单项工程分期分批建成投入使用的建设项目，按照概算分配率分配。

概算分配率＝（概算中各待摊投资项目的合计数－其中可直接分配部分）÷（概算中建筑工程、安装工程和设备投资合计）×100%

某项固定资产应分配的待摊投资＝该项固定资产的建筑工程成本或该项固定资产（设备）的采购成本和安装成本合计×分配率

（5）核实其他投资支出。

7. 建设项目竣工财务决算审核

根据《基本建设项目竣工财务决算管理暂行办法》（财建〔2016〕503号）"第十三条　财政部门和项目主管部门对项目竣工财务决算实行先审核、后批复的办法，可以委托预算评审机构或者有专业能力的社会中介机构进行审核"。

行政事业单位应委托第三方专业机构对建设项目竣工财务决算进行审核并出具审核报告。确保基本建设项目竣工财务决算真实、完整、合规、合法，客观反映建设项目建设成果和财务情况。

8. 建设项目竣工财务决算风险及控制

（1）行政事业单位建设项目竣工财务决算风险。

一是编制竣工财务决算滞后，造成账实不符风险。行政事业单位建设项目交付使用后，长时间不编制建设项目竣工财务决算，导致单位建设项目投资支出长期挂账"在建工程"科目，不能办理转固定资产，单位预决算报表、财务报告信息不真实。

二是违反行政事业单位资产管理规定风险。行政事业单位不编制竣工财务决算，无法取得主管部门或财政部门关于建设项目竣工财务决算批复，建成项目资产价值得不到体现，形成单位账外资产，不符合行政事业单位固定资产管理规定。

三是建设项目产权不能有效办理风险。基本建设项目竣工财务决算批复是办理交付使用资产产权的重要文件资料之一，如果长时间不办理竣工财务决算，导致建设项目的大产权无法办理，如果是职工住宅项目，会导致业主小产权不能如期办理，损害业主的利益。

（2）风险分析。

一是行政事业单位对建设项目竣工财务决算编制工作重视程度不够。行政事业单位对基本建设工作普遍存在重项目轻管理现象。建设项目能否申报成功对单位事业发展起着至关重要的作用，领导更重视建设项目的争取以及建设进度。对于基础性管理工作如项目竣工财务决算的编制审核工作重视程度普遍不够，而产生这一问题的主要原因为：工程只要如期竣工验收，就可交付使用，就能发挥建设项目的预定功能，因此，即便不办理竣工财务决算，对于项目交付使用也不会产生较大影响。

二是建设项目资料缺失。行政事业单位在编制建设项目竣工财务决算过程中，项目建设资料缺乏妥善集中保管。由于建设工期长，建设项目建设全过程涉及基建计划部门、政府采购部门、物资管理部门、工程管理部门、资产管理部门等多个部门，项目过程资料在各部门自行保管，有的部门保管不善造成关键资料丢失给编制建设项目竣工财务决算带来困难。

三是编制建设项目竣工财务决算人员的专业素质和业务水平不高。行政事业单位基本建设项目管理纳入单位"大账"后，多数行政事业单位不在单独设置基本建设财务岗位，一般由预算会计人员兼任基本建设财务工作，由于对基本建设专业知识掌握不牢，建设项目财务管理经验不足等原因，造成编制建设项目竣工财务决算吃力，建设项目竣工财务决算编制的规范性不够。

四是管理机制不健全，编制竣工财务决算权责不清、分工不明。行政事业单位竣工财务决算是项目建设的收尾工作，同时也是一项具有较强统筹协调性的工作。一般需要基建计划部门、工程管理部门、财务部门、资产管理部门等多部门协同完成。在实际工作中，行政事业单位对编制建设项目竣工财务决算缺乏制度规范，对建设项目竣工财务决算编制工作没有明确总牵头部门，相关部门权责不清、分工不明，势必会影响建设项目竣工财务决算编制工作质量和效率。

（3）控制措施。

一是行政事业单位主要领导或建设项目负责人要高度重视建设项目竣工财务决算的编制工作。领导重视是做好建设项目竣工财务决算编制工作的前提条件。行政事业单位要完善建设项目竣工财务决算编制的相关制度，成立建设项目竣工财务决算编制工作组，明确相关部门的工作职责及责任人。财务部门作为牵头部门和编制部门要加强业务学习，熟练掌握基本建设财务规章制度，为编制建设项目竣工财务决算提供组织保障、制度保障。

二是完整保存建设项目各个阶段的资料，为编制建设项目竣工财务决算提供资料保障。

首先，在建设项目立项初期，对建设项目文件资料归集进行顶层设计，如行政事业单位指定综合管理部门专人收集整理建设项目档案资料。基建计划部门形成的建设项目的立项、可行性研究、初步设计、概预算批复等文件、招标文件、合同等文件原件，工程管理部门的设计变更、洽商变更及相关图纸资料，审计部门的工程价款结算资料等，按照形成日期转入综合管理部门档案管理人员保存。档案管理人员对建设项目档案进行分类整理，对涉及编制竣工财务决算的文件资料提前做备份。在项目竣工后，形成一套完整的编制竣工财务决算所需的文件资料。

其次，行政事业单位对建设项目文件资料缺乏统管的情况下，各个相关部门要对建设过程中形成的文件资料妥善保管。在建设项目拟办理竣工验收之前，财务部门作为编制建设项目竣工的牵头部门，提前协调基建计划部门、工程管理部门、资产管理部门等准备相关资料，列出所需文件资料清单，保证工程竣工财务决算编制工作顺利进行。

三是行政事业单位要合理制定建设项目竣工财务决算编制方案，明确时间表、路线图，压实编制竣工财务决算工作的主体责任。明确编制工作的技术方法，确保编制工作有序开展，提高建设项目财务竣工决算编制的时效性、准确性。

四是加强各部门沟通配合，保证竣工财务决算的及时性。行政事业单位建设项目竣工财务决算编制是综合性工作。要充分发挥建设项目竣工财务决算编制工作小组的作用，及时召开编制工作启动会，明确相关部门责任分工、确定责任人和联系人；对编制工作中存在的问题及时召开小组会议进行研究解决。

五是开展清理工作。行政事业单位编制建设项目竣工财务决算编制工作小组，要组织开展交付使用资产、设备、工程财产物资以及财务账清理工作。合理确定建设成本支出计入交付资产的价值。对待摊投资支出，与交付资产直接相关的支出，直接列入交付资产价值。对待摊投资涉及多项交付资产的要合理进行分摊计入交付资产价值。

六是充分发挥社会中介机构的作用。行政事业单位编制建设项目竣工财务决算是一项技术性强的工作，如果单位财务人员的能力、水平达不到，可聘请第三方审计机构完成编制工作。

9. 建设项目竣工财务决算审核上报[①]

（1）行政事业单位主管部门批复权限。

建设项目竣工财务决算编制完成后要按照规定报主管部门或者财政部门审核、批复。

行政事业单位主管部门本级投资额 3000 万元（不含 3000 万元，）以上的项目要报财政部审核批复。

主管部门本级投资额在 3000 万元（含 3000 万元）以下的项目，由主管部门批复，报财政部备案（批复文件抄送财政部），并按要求向财政部报送半年度和年度汇总报表。

主管部门二级及以下单位的项目，由主管部门批复，报财政部门备案。

（2）行政事业单位主管部门审核程序。

行政事业单位主管部门对本级及所属二级以下单位报审项目投资额在 3000 万元（含 3000 万元）以下的建设项目竣工财务决算要审核后再批复。

行政事业单位主管部门审核建设项目竣工财务决算一般委托有资质的中介机构（评审机构）进行评审，根据评审结论进行批复。

---

① 参见《中央基本建设项目竣工财务决算审核批复操作规程》（财办建〔2018〕2 号）。

行政事业单位建设项目竣工财务决算经评审机构或者审计署进行全面审计的，主管部门审核也未发现较大问题，项目建设程序合法、合规，报表数据正确，报告内容详实、事实反映清晰、符合决算批复要求以及发现的问题均已整改到位的，可依据评审报告及审核结果批复项目决算。

（3）行政事业单位主管部门建设项目竣工财务决算批复内容。

一是批复确认项目完成投资、形成的交付使用资产、资金来源及到位情况，核销基建支出和转出投资等。

二是根据管理需要批复确认项目交付使用资产总表、交付使用资产明细表等。

三是批复确认项目结余资金、决算评审审减资金，并明确处理要求。

批复项目结余资金和审减投资中应上缴中央总金库的资金，在决算批复后30日内，由主管部门负责上缴。

（4）批复的执行。

行政事业单位主管部门是执行批复的责任部门。主要包括：

对应缴回的国库集中支付结余资金，主管部门应及时将结余调整计划报财政部，并相应进行账务核销。

对应缴回的非国库集中支付结余资金，主管部门由一级预算单位统一将资金汇总后上缴中央总金库。对批复披露项目建设过程存在的主要问题，提出整改时限要求。

行政事业单位主管部门要督促所属单位按照批复及基本建设财务会计制度有关规定及时办理资产移交和产权登记手续，加强对固定资产的管理，更好地发挥项目投资效益。

行政事业单位财务部门根据主管部门对建设项目竣工财务决算的批复意见，办理"在建工程"转固定资产账务处理，并按照要求计提固定资产折旧。资产管理部门办理固定资产卡片。将交付使用资产纳入单位固定资产管理范围。

对决算批复文件涉及需交回财政资金的，应当抄送财政部驻当地财政监察专员办事处。

（5）批复执行监督。

行政事业单位主管部门应加强对所属单位落实建设项目竣工财务决算批复执行情况的监督，督促所属行政事业单位做好建设项目竣工财务决算批复执行工作。

四、交付评价

（一）建设项目资产交付管理

行政事业单位建设项目资产交付是指建设项目完成建造过程，办理了建设项目竣工验收合格手续，将形成的资产交付管理单位（生产使用单位）的行为。交付使用的资产包括房屋、建筑物、设备等固定资产；建设过程中形成的不够固定资产标准的流动资产以及知识产权、土地使用权等无形资产等。

1. 交付使用资产的时间节点

行政事业单位建设项目竣工验收合格后，交付使用资产清理完成即可办理资产交付使用手续，建设项目竣工财务决算取得财政部门或主管部门批复后进行账务调整。

2. 交付资产价值的确定

（1）账务清理。

一是行政事业单位建设项目竣工后进行资产交付前，财务部门和合同执行部门要对建设成本进行清理。对建设项目建筑安装工程投资支出、设备投资支出、待摊投资支出和其他投资支出明细账逐笔清理，能明确计入形成资产价值的，直接计入交付资产价值，对待摊投资支出确定直接计入交付使用资产价值和分摊计入交付使用资产价值，对分摊计入交付资产价值的要确定分摊比例。

二是行政事业单位财务部门审查建设成本费用是否有遗漏或者重复入账。

三是确定建设项目配套建设的专用设施价值。行政事业单位对建设项目配套建设的专用设施的价值按照非经营和经营性项目分别处理。

若建设项目为非经营性项目，其项目建设过程中发生的环境整治、道路修复、护坡及清理等支出不能形成资产的，作为待核销基建支出处理；为建设项目配套建设的专用设施，包括专用道路、专用通信设施、专用电力设施、地下管道等，要区分形成资产的产权属性，产权归属本行政事业单位的，计入交付使用资产价值。形成资产产权不归属行政事业单位的，作为转出投资处理；建设项目涉及政府主导的民生工程，包括农村危改工程、饮水工程及牧民渔民定居等工程支出，根据建成项目产权归属确定交付资产价值、待核销基建支出以及转出投资；建设项目涉及移民安置补偿的，建成资产产权归属集体或单位的，做转出投资处理，产权规移民个人的，做待核销基建支出处理。

若建设项目为经营性项目，其项目配套建设的专用设施，包括专用铁路线、专用道路、专用通信设施、专用电力设施、地下管道、专用码头等，行政事业单位应当与有关部门明确产权关系，并按照国家财务会计制度的有关规定处理。若项目取消和报废发生的支出，不能形成资产以及设备交付后的维护费，按照国家有关规定处理。

（2）实地清查核实。

行政事业单位建设项目交付使用资产清查核实是建设项目竣工财务决算的重要组成部分，行政事业单位建设项目竣工决算工作小组应在核实各项投资的基础上，对投资形成的交付使用资产要现场进行清查盘点。主要以行政事业单位财务部门、工程管理部门、资产管理部门为主，清查结果应与竣工财务决算交付使用资产表相一致。

现场设备资产要重点清查设备名称、规格型号、数量、安装部位，现场房屋建筑物资产要重点清查房屋建筑物名称、结构、层次、建筑面积和坐落地点等。

3. 交付使用资产风险及分析

（1）建设项目竣工验收完成后，不按时办理资产交付的风险。在实际工作中，行政事业单位为了保证基本建设项目的完整性，一般在建设项目办理竣工验收合格后，就可以办理交付使用资产手续。待项目竣工财务决算审计批复后，依据批复情况及时办理相关账务处理。但是，由于有些行政事业单位财务管理弱化，长时间不办理竣工财务决算现象时有发生，导致基本建设项目资产交付工作滞后。甚至房屋或建筑物已经投入使用，还缺少资产交接手续的情况。有些单位将已投入使用的资产长期不入账，不能及时计提资产折旧，成本核算不全面。

（2）国有资产失于管理风险。由于行政事业单位不能按时办理建设项目资产交付，使已经建成的房屋建筑物等资产成了账外资产，不利于资产管理部门对资产进行有效管理。

（3）造成风险的原因。行政事业单位项目负责人对建设项目的资产交付工作重视不够。

实践中，由于行政事业单位对建设项目竣工财务决算编制工作不重视，往往忽视资产交付相关手续，只要项目建设完成，资产投入使用就大功告成，为后续资产管理埋下隐患。

缺乏制度规范。行政事业单位在资产交付环节缺乏内部管理流程规范，相关部门不能建立联动机制，相互推诿扯皮。

上述情况一般在外部审计过程中要求行政事业单位进行整改，财务部门迫于审计整改压力发起资产交付工作，往往造成资产交付工作不扎实，比如资产盘点不实、交接手续不全等，甚至出现账实不符现象。

4. 控制措施

（1）重视建设项目资产交付管理工作。行政事业单位要提高认识，充分认识建设项目资产交付工作的重要性。基本建设投资支出经过建设过程转化为固定资产，一方面是实物交付，另一方面是资金价值的转化，两者缺一不可。建设项目交付资产是将建成资产纳入国有资产管理的入口，因此，账实必须相符。建设项目负责人要对建设项目的全过程负责，要善始善终，将精细化管理落到每一个环节，做好资产交付工作。

（2）建立健全建设项目资产交付使用管理制度。行政事业单位建设项目资产交付是一项复杂的基础工作，涉及的投资额大，数量多，单位要建立资产交付使用制度和工作程序，成立资产交付工作小组，明确相关责任部门、责任人及工作职责，对房屋建筑物及相关设备逐一进行盘点并整理造册，相关人员签字确认，审核人员核实确认，财务部门做好资产价值核实。

（3）及时编制建设项目竣工财务决算。行政事业单位要严格按照基本建设财务管理制度规定完成建设项目竣工财务决算编报工作。建设项目资产交付是编制建设项目竣工财务决算的重要组成部分，因此建设项目竣工验收后要及时进行资产清单梳理，为整体项目资产交付做好准备；资产管理人员要配合财务人员完成竣工财务决算的编报，准确规范的编报交付使用资产明细表，为建设项目资产交付提供真实客观的依据。

（4）完善资产交付使用的验收交接手续。行政事业单位要及时办理建设项目资产交付使用的验收交接手续，建设方、接收方和资产管理部门要在交付资产明细表上签字确认。资产管理部门以此作为资产登记入账的依据，避免项目资产游离账外。

（5）强化审计监督。行政事业单位要强化对资产交付使用管理的审核与监督。规范竣工验收后的资产入账程序，明确交付资产的范围及时限。建立基本建设项目资产交付监督审计制度，对基本建设项目的监督审计延伸至资产交付环节。

（二）基本建设项目结余资金管理

1. 基本建设项目结余资金管理规定

结余资金是指建设项目竣工结余的建设资金，不包括工程抵扣的增值税进项税额资金。

经营性项目结余资金，转入单位的相关资产。

非经营性项目结余资金，首先用于归还项目贷款。如有结余，按照项目资金来源属于财政资金的部分，应当在项目竣工验收合格后三个月内，按照预算管理制度有关规定收回财政。

项目终止、报废或者未按照批准的建设内容建设形成的剩余建设资金中，按照项目实际资金来源比例确认的财政资金应当收回财政（见附录1）。

2. 基本建设项目资金结余风险

违规支付工程款风险。实际工作中，建设项目竣工验收后，建设项目资金可能出现结余，同时还有少部分除尾工工程之外的其他费用支出，有些行政事业单位对结余资金管理不规范，未按照规定将应交回财政的资金挪作他用。

3. 控制措施

（1）行政事业单位要加强基本建设项目管理，合理筹措安排建设资金，提高资金使用效益。单位应加强对建设项目的组织领导，明确责任，积极推进项目建设进度，要按照工程进度和合同条款，及时支付工程款项，争取早建设、早竣工、早使用，最大化发挥财政资金的使用效益。

（2）行政事业单位要加强基本建设项目的财务管理。财务部门要正确核算项目资金结余，既要保证建设项目资金需要，又要严格执行财务制度，及时将建设项目结余资金按照规定上缴。

（三）绩效评价

项目绩效评价是指财政部门、项目主管部门根据设定的项目绩效目标，运用科学合理的评价方法和评价标准，对项目建设全过程中资金筹集、使用及核算的规范性、有效性，以及投入运营效果等进行评价的活动。财政支出基本建设项目绩效评价，就是指按照公共财政要求，对使用财政性资金投资的基本建设项目建设的必要性、合理性及产出绩效进行科学分析和比较，以综合评价财政支出基本建设项目的经济性、效率性和效果性的一个系统过程。

1. 开展建设项目绩效评价的必要性

党的十六届三中全会明确提出建立预算绩效评价体系，2014 年 9 月 26 日，国务院以国发〔2014〕45 号印发《关于深化预算管理制度改革的决定》明确提出："健全预算绩效管理机制，全面推进预算绩效管理工作，强化支出责任和效率意识，逐步将绩效管理范围覆盖各级预算单位和所有财政资金，将绩效评价重点由项目支出拓展到部门整体支出和政策、制度、管理等方面，加强绩效评价结果应用，将评价结果作为调整支出结构、完善财政政策和科学安排预算的重要依据。"

为进一步加强预算绩效管理，提高中央部门预算绩效目标管理的科学性、规范性和有效性，财政部于 2015 年印发《中央部门预算绩效目标管理办法》，明确提出绩效目标是指财政预算资金计划在一定期限内达到的产出和效果。绩效目标是建设项目库、编制部门预算、实施绩效监控、开展绩效评价等的重要基础和依据并对绩效目标的设定、审核、批复进行了规定。

由于行政事业单位建设项目资金主要为财政性资金的特点，并纳入单位预算管理范畴，因此，开展建设项目绩效评价势在必行。行政事业单位花钱必问效的理念逐步形成。

2. 项目评价原则

行政事业单位建设项目绩效评价应当坚持科学规范、公正公开、分级分类和绩效相关的原则，突出经济效益、社会效益和生态效益。

3. 评价内容及指标

行政事业单位要结合建设项目的特点，科学合理地制定项目绩效评价指标，建立项目绩效评价体系。

一方面要客观设置建设项目绩效目标。在建设新项目初期，对可行性研究方案论证要充分，对建设项目建成后达到的预期生产任务，各项产出指标、社会效益指标等进行合理设置，并作为建设项目绩效评价的依据。另一方面要合理设置建设项目绩效评价指标（见图3-4）。

4. 绩效评价工作的开展与监督

行政事业单位要高度重视建设项目绩效评价工作。项目主管部门会同财政部门按照有关规定，制定本部门或者本行业项目绩效评价具体实施办法，建立具体的绩效评价指标体系，确定项目绩效目标，具体组织实施本部门或者本行业绩效评价工作，并向财政部门报送绩效评价结果，行政事业单位按照主管部门要求制定建设项目绩效评价方案，指定财务部门作为建设项目绩效评价责任人，按照科学的方法，做好建设项目绩效评价工作。主管部门要加强对行政事业单位建设项目绩效评价工作的指导与监督。

（四）基本建设项目监督管理

1. 基本建设项目监督主体

对行政事业单位建设项目进行监督的主体单位是财政部门和行政事业单位主管部门。财政部门和主管部门对所属行政事业单位建设项目监督负主体责任。行政事业单位主管部门要制定对所属单位建设项目监督方案，落实监督内容，建立日常监督与专项监督工作机制，对建设项目全过程进行监督。

行政事业单位应主动接受主管部门、财政部门的监督，建立内部监督机制，定期开展自查自纠工作，加强自我监督，确保建设项目实施合法、合规，避免腐败现象的发生。

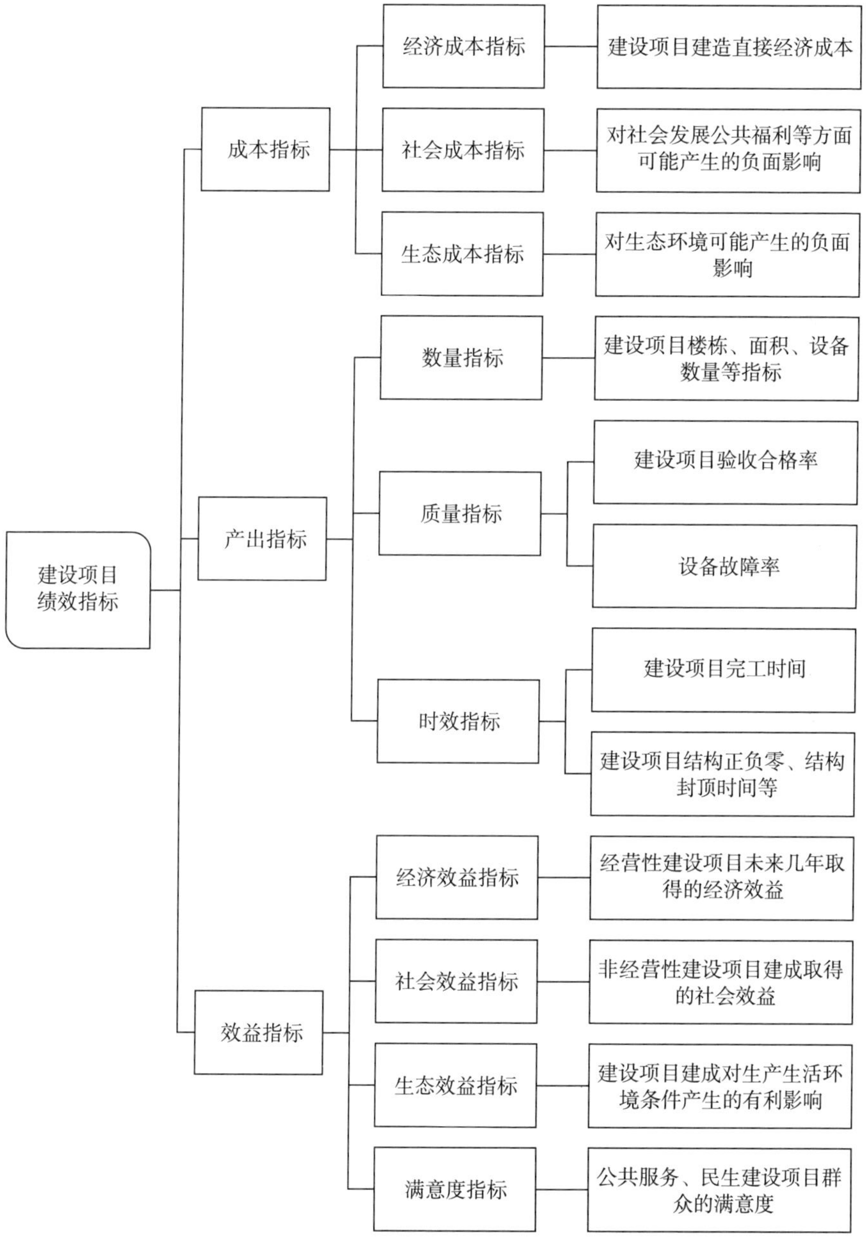

图 3-4　建设项目绩效评价指标

- 建设项目绩效指标
  - 成本指标
    - 经济成本指标 —— 建设项目建造直接经济成本
    - 社会成本指标 —— 对社会发展公共福利等方面可能产生的负面影响
    - 生态成本指标 —— 对生态环境可能产生的负面影响
  - 产出指标
    - 数量指标 —— 建设项目楼栋、面积、设备数量等指标
    - 质量指标
      - 建设项目验收合格率
      - 设备故障率
    - 时效指标
      - 建设项目完工时间
      - 建设项目结构正负零、结构封顶时间等
  - 效益指标
    - 经济效益指标 —— 经营性建设项目未来几年取得的经济效益
    - 社会效益指标 —— 非经营性建设项目建成取得的社会效益
    - 生态效益指标 —— 建设项目建成对生产生活环境条件产生的有利影响
    - 满意度指标 —— 公共服务、民生建设项目群众的满意度

图 3-4　建设项目绩效评价指标

2. 基本建设项目监督主要内容

行政事业单位主管部门对所属单位建设项目监督的主要内容为：

（1）建设项目是否存在未批先建现象，建设项目立项、可行性研究、初步设计及概算和调整是否符合国家规定等。

（2）建设项目是否存在"三超"现象（超规模、超标准、超范围），有无概算外项目和擅自提高建设标准、扩大建设规模等问题。

（3）建设项目招投标是否按照规定的程序组织。

（4）建设资金筹集是否符合国家有关规定。

财政资金拨付是否足额到位，自筹资金是否按计划及时筹集到位等。项目结余资金是否按照规定进行处理。

（5）建设项目成本列支范围是否符合规定，是否存在将不得在建设成本中列支的内容列入建设成本。

（6）是否按照规定编制了建设项目竣工财务决算，交付使用资产手续是否齐全等。

（7）建设项目内控制度是否建立并有效执行。

3. 违规问题处理

2000 年《财政部关于印发〈财政监察专员办事机构对中央预算内基本建设资金监督检查实施办法〉的通知》（财监字〔2000〕40 号）赋予财政监察专员办对中央投资基本建设项目监督职责。具体为：

（1）对有关主管部门、建设单位在建设项目申报过程中虚报项目、投资规模和已完成工作量，骗取中央预算内基本建设资金的，除追回被骗取的资金上缴财政部外，还要根据《国务院关于违反财政法规处罚的暂行规定》予以处罚，并向计划主管部门提出取消项目或调整项目建设，同时建议有关部门追究有关责任人的责任。

（2）对有关主管部门和项目建设单位项目前期准备工作不充分、违反基本建设程序、擅自调整项目计划、擅自改变项目建设内容、提高建设标准、突破项目概算的，要责令其限期整改，并根据不同情况通知地方财政部门、有关主管部门停止拨付资金或向财政部提出停止拨付资金的建议，同时还要向计划主管部门提出取消项目或调整项目的建议，并建议有关部门追究有关责任人的责任。

（3）对未严格按照基本建设程序、年度基本建设投资计划、年度支出预算、工程进度拨付资金的有关部门，要责令其限期整改。

（4）对截留、挪用中央预算内基本建设资金、未按规定专款专用的单位和部门，除限期追回被截留挪用的资金外，还要根据《国务院关于违反财政法规处罚的暂行规定》予以处罚；同时根据不同情况通知地方财政部门、有关主管部门停止拨付资金或向财政部提出停止拨付资金的建设，并建议有关部门追究有关责任人的责任。

（5）对未按计划落实已承诺的配套资金，要责成项目建设单位抓紧落实，保证配套资金及时到位；对项目开工六个月或中央预算内基本建设资金到位三个月配套资金仍未按规定比例到位的，以及中央预算内基本建设资金到位后，抽回已投入地方配套资金的，要根据不同情况通知地方财政部门、有关主管部门停止拨付资金或向财政部提出停止拨付资金的建议。

（6）对项目建设单位财会机构不健全，会计核算不规范，资金使用不符合基本建设财务制度，虚列建设成本，未按标准列支建设单位管理费，未按规定做好项目年度财务决算的，根据《中华人民共和国会计法》的有关规定进行处理，还要根据不同情况通知地方财政部门、有关主管部门停止拨付资金或向财政部提出停止拨付资金的建议。

（7）对未按规定报送信息资料或信息资料严重失真的，要责成有关单位和部门限期整改。

（8）对检查中发现的有重大工程质量问题的项目，要及时向有关主管部门报告，并视不同情况通知地方财政部门、有关主管部门停止拨付资金或向财政部提出停止拨付资金的建议。

（9）对已停止拨付资金的项目，其整改情况经专员办验收合格后，专员办通知地方财政部门、有关主管部门恢复拨款或报经财政部核准后恢复拨款。拒不进行整改的，向财政部建议收回该项目的中央预算内基本建设资金。

（10）对检查中发现的其他问题，按审计署、国家计委、财政部、国家经贸委、建设部、国家工商行政管理局《关于印发〈建设项目审计处理暂行规定〉的通知》（审投发〔1996〕105号）及国家有关财政法规处理。

对已经造成中央预算内基本建设资金损失的有关违规问题，财政监察专员办处理后要及时上报财政部。

对有关主管部门和项目建设单位有前述一至七项所列行为的，在依法处理的基础上，财政监察专员办可以向财政部建议给予通报批评或者通过新闻媒介公开曝光。

第四章　行政事业单位基本建设财务管理工作及案例分析

一、行政事业单位基本建设财务管理的特征、现状与风险

（一）行政事业单位特征及财务管理原则

行政事业单位由行政单位和事业单位组成。

行政单位是进行国家行政管理、组织经济建设和文化建设、维护社会公共秩序的单位，主要包括国家权力机关、行政机关、司法机关、检察机关以及实行预算管理的其他机关、政党组织等。

行政单位财务管理的基本原则是量入为出，保障重点，兼顾一般，厉行节约，制止奢侈浪费，降低行政成本，注重资金使用效益。

事业单位是以政府职能、公益服务为主要目的的一些公益性单位、非公益性职能部门等。它参与社会事务管理，履行管理和服务职能，目的是为社会服务，主要从事教育、科技、文化、卫生等活动。

事业单位财务管理的基本原则包括执行国家有关法律、法规和财务规章制度，坚持勤俭办事的方针，正确处理事业发展需要和资金供给的关系，社会效益和经济效益的关系，国家、单位和个人三者利益的关系。

由此可见，行政事业单位的财务管理目标是追求社会价值最大化，兼顾公平

和效率，保证公共资金使用的安全性和效率性及公共服务的效率和效果性。

（二）行政事业单位基本建设及财务管理的特征

基本建设是指以新增工程效益或者扩大生产能力为主要目的的新建、续建、改扩建、迁建、大型维修改造工程及相关工作，基本建设具有工程周期较长，综合投资较大的特点。

1. 行政事业单位建设项目的特征

一是行政事业单位的社会职能决定基本建设项目资金主要来源财政资金和自筹资金。

二是行政事业单位基本建设项目多以国家基础设施建设为主，包括公路、铁路、城乡电网以及教育科研等基础设施。国家基础设施建设在国民经济发展中起着重要作用，是拉动我国经济增长和消费增长的重要手段。

三是国家对基础设施建设高度重视。党的十八大以来，我国在创新基础设施建设方面取得了许多突破，2020 年 2 月 14 日召开的中央全面深化改革委员会第十二次会议强调指出：基础设施是经济社会发展的重要支撑，要以整体优化、协同融合为导向，统筹存量和增量、传统和新型基础设施发展，打造集约高效、经济适用、智能绿色、安全可靠的现代化基础设施体系。

2. 行政事业单位基本建设财务管理原则

行政事业单位建设项目的资金特点决定了基本建设财务管理原则：严格执行国家有关法律、行政法规和财务规章制度，坚持勤俭节约、量力而行、讲求实效，正确处理资金使用效益与资金供给的关系。财政资金管理应当遵循专款专用原则，严格按照批准的项目预算执行，不得挤占挪用（见附录 1）。

（三）行政事业单位财务管理现状

1. 建设项目缺乏专业的管理团队，导致财务管理弱化

一是行政事业单位基本建设人才队伍问题日益突出。由于行政事业单位以为社会提供公共服务为主要目标，行政事业单位根据各自的职能分工，以事业发展为主攻方向。因此，行政事业单位对基本建设人才储备不够，对本单位基本建设工作缺乏顶层设计、长远规划。对新增加的建设项目往往管理经验不足，特别是

财务管理经验明显不足。

二是基本建设财务管理弱化。2012年2月，财政部颁布了《事业单位财务规则》（中华人民共和国财政部令第68号）。按照新的财务规则，行政事业单位在按国家有关规定单独核算基本建设投资的同时，将基建账相关数据并入单位会计"大账"。该制度实施后，由于取消了基本建设专用账户，有些单位不再设立专职基本建设财务管理人员，而是由单位预算会计人员兼职管理，财务人员很少有时间参与工程建设管理相关工作。

2. 建设项目部门运行机制不畅通，内控制度不健全

行政事业单位建设项目顺利完成，需要基建计划部门、工程管理部门、财务部门、资产管理部门、审计部门等多部门协同完成。由于事先没有完整的建设项目运行机制，部门之间职责不清，相互沟通不畅，导致工作效率不高，建设项目进展缓慢；对建设项目内部控制制度缺乏顶层设计，严重制约财务管理职能的发挥。

3. 财务管理作用在项目建设全过程中不能充分发挥

（1）预算管理环节。

一是对基本建设预算管理编制重视不够。行政事业单位基本建设项目前期工作一般由基建计划部门负责，但基建计划部门对建设项目预算编制不慎了解。财务部门负责编制建设项目预算但对建设项目前期工作基本不介入。在预算编制过程中，财务部门和基建计划部门、工程管理部门沟通不畅，对建设项目的主要情况了解不够深入，预算编制前期基础资料不完善，中后期又未能与工程进度相匹配，造成建设项目预算编制不合理，预算执行不到位的情况时有发生。

二是基本建设项目预算编报时间与建设项目立项批复时间不一致，导致项目预算编制滞后。行政事业单位建设项目的立项批复文件是财务部门编制建设项目预算的依据。因此，做好工程建设项目立项审批，是编制建设项目经费预算的前提和基础。但实际工作中，行政事业单位部门年度预算一般需要提前一年申报，如果待项目批复后再申报预算，时间差至少一年。

（2）资金管理使用环节。

行政事业单位部门预算每年都要经过各级人民代表大会审议通过后执行，财政部门和项目主管部门下达建设项目预算到行政事业单位往往比较滞后。上半年建设项目所需资金往往不能满足。同时由于建设项目用款编制计划不符合建设项

目实际需要，容易造成建设资金沉淀，发生建设资金被挪用等问题。

（3）建设项目成本管理环节。

一是行政事业单位建设项目仓促上马，前期工作不扎实。主要表现为设计不规范、不严谨，与实际执行过程出入较大。造成设计变更内容较大，增加建设成本。

二是行政事业单位基本建设项目多采取总包形式进行项目建设，由于专业技术人员不足，往往忽视对建设成本控制，过分依赖总承包单位。施工企业为追求利润，在材料选择上以次充好现象时有发生，为工程质量埋下隐患。行政事业单位在保证工程质量的前提下，对项目成本控制要明确目标。

三是对待摊投资支出控制不规范。项目建设前期费用以及技术服务费如地质勘察费、设计费、工程监理费等费用未按照规定标准取费，增加待摊投资支出。

四是施工管理混乱，隐蔽工程量计算不规范，变更洽商随意、审核不严格，造成虚增建设成本。

五是扩大建设成本支出范围。一方面将超出建设规模、建设标准的支出内容列入建设成本；另一方面将项目管理不善造成的罚没支出摊入建设成本，甚至将施工单位、供货单位原因造成的工程报废等损失列入建设成本。

（4）项目建设结算及资产交付环节。

一是工程价款结算不及时、不规范。建设项目竣工验收完成后，需及时办理各项工程价款结算，由于建设项目复杂，签署的合同繁多，做好工程价款结算是编制建设项目竣工财务决算的前提。行政事业单位由于工程价款结算制度不健全，负责分管工程价款结算的部门不明确，造成工程价款结算滞后。工程管理部门往往迫于施工单位结算压力而委托第三方进行结算审计，造成结算工作不规范，部门之间缺乏有效监督，存在结算风险。

二是项目竣工验收即进行资产交付使用，长时间不办理竣工财务决算。尽管《基本建设项目竣工财务决算管理暂行办法》明确规定了建设项目竣工财务决算编制时限要求。但在实际工作中，行政事业单位建设项目竣工后，往往直接办理资产交付使用，不办理、缓办理竣工财务决算情况较普遍。

一方面竣工财务决算的滞后，导致交付资产不能入账，财务部门在建工程账不能转销。由于竣工财务决算不能及时编制、批复，造成已完成工程长期在行政事业单位"大账"中以在建工程累计挂账，建成资产不能入账，无法计提固定资产折旧，账实不符现象严重。

另一方面对计入交付资产价值和不计入交付资产价值不能明确划分，对建设项目相关的产权归属不明确。对作为待核销基建支出处理的，由于不办理项目竣工财务决算，应核销的项目支出长期挂在财务账面，虚增国有资产。同时建设项目相关的配套设施，产权不归属行政事业单位的，也不能及时办理转出投资。

三是资产使用管理部门无法对资产进行有效管理。行政事业单位对建设项目完工形成的固定资产不能以固定资产形态登记入账，账实不符。资产管理部门不能对新增资产进行有效管理。

4. 主管部门对行政事业单位建设项目监督不到位

项目建设过程中行政事业单位主管部门对本级建设项目和所属单位建设项目不能开展有效监督。主要原因为：一是主管部门对建设项目开展监督责任部门不明确，没有牵头部门，对建设项目的监督工作无从开展；二是主管部门对建设项目监督制度不健全，缺乏常态化监督机制，监督工作处于无序状态；三是被动监督、事后监督较普遍。建设项目暴露的问题多来源于群众举报或审计机关审计，而群众举报一般会反映到行政事业单位的纪检监察部门。目前涉及举报问题较多的为建设项目招投标。行政事业单位负责建设项目招投标部门，与投标单位相互勾结，搞暗箱操作，事先拟定中标人等。纪检监察部门按照被举报人的级别确定是否受理，对纪检监察部门不受理的举报内容，往往转交项目主管部门，由主管部门核实处理。

外部审计也基本是事后审计，对发现的问题要求主管部门督促整改。因此，主管部门开展的监督基本是被动监督、事后监督，主管部门对建设项目的监督检查作用不能充分发挥。

5. 造成上述现状的主要原因

一是行政事业单位重项目、轻管理。领导对建设项目日常管理重视不够，单位受编制影响基本建设专业人才明显不足，建设过程中很多关键环节过分依靠第三方机构，由于第三方机构全部以营利为目的，可能对建设项目关键环节提出不完全正确的判断，导致行政事业单位决策失误。

二是建设项目管理制度、协调机制不健全。首先是行政事业单位建设项目的内控制度不健全。一般是在建设项目推进过程中按照遇到问题，解决问题的思路逐步做出一些制度性规定，制度设计缺乏系统性、前瞻性和规范性，实际工作中易发生违规风险。其次是建设项目需单位内部多部门协同参与，但缺乏完备的协调机制，部门之间相互推诿扯皮，造成建设项目推进缓慢。

三是在建设项目全过程中财务管理缺位。首先，由于行政事业单位财务人员缺乏基本建设常识，又不参与建设项目全过程关键环节的决策，不具备提升建设项目财务管理水平的能力。其次，行政事业单位未明确财务人员在项目建设全过程中的职责定位，很多财务人员仅限记账、算账，财务管理监督职能弱化。

四是档案资料管理混乱。由于基本建设项目建设周期长，需多部门协同完成的特点，项目建设全过程形成的资料非常重要，一方面是编制项目竣工财务决算的重要依据，另一方面是行政事业单位接受外部审计的重要依据，一般申请财政资金的建设项目，需要接受审计署的审计。由于材料管理分散，缺乏统一的管理部门和人员，资料分散在各个部门的现象非常普遍，相关部门工作人员调离、退休等不办理资料移交导致重要资料遗失。建设项目完工后，无人整理档案资料并按照规定向档案保管部门移交。

二、加强基本建设财务管理的建议

（一）设置专职基本建设项目财务管理人员，明确工作职责

基本建设财务管理工作是专业性极强的工作，随着基本建设从立项到竣工验收交付资产全过程，涉及预算管理、建设成本管理、工程价款结算、竣工财务决算等方面。行政事业单位做好基本建设财务管理工作的首要任务是选派政治过硬、政策性强、业务熟练、责任心强的财务管理人员，按照不相容岗位分离的原则，设置专职会计人员和出纳人员。

赋予财务管理人员参与建设项目管理的职责：

（1）参与建设项目全过程管理，参与建设项目重大决策，制定建设项目内部控制制度并监督制度的执行。

（2）做好建设资金筹集和管理工作：根据批复的建设项目概算，编制建设项目预算。根据批复的预算，合理制订建设项目支出计划，及时申请筹措建设资金，确保建设项目资金及时到位。

（3）做好建设项目成本控制。与工程管理部门协同合理控制建设项目成本，协助审计部门委托第三方机构对建设项目合同结算进行审核。

（4）牵头组织办理建设项目竣工财务决算。参与项目资产交付盘点及设备物资的清理工作。

（5）做好建设项目日常财务核算工作，做到准确及时。对项目应收应付款进行清理，做好建设成本归集，对待摊费用进行合理分摊，合理确定交付资产价值。

（6）做好建设项目财务档案归集工作。包括立项审批材料，资金批复材料，合同结算资料等，为办理竣工财务决算提供资料准备。

（二）建立财务运行机制

1. 建立健全建设项目核算体制

行政事业单位针对大中型建设项目设立建设项目财务部。人员可由行政事业单位财务部门指派或者面向社会招聘。建设项目财务部设置建设项目辅助账，负责基本建设项目日常财务核算，按照一定时点并入单位财务"大账"。

1995 年基建账并到预算单位"大账"后，对加强基本建设预算管理起到积极作用。但有些单位不再设置专职基建财务岗位，会计人员对基本建设财务管理仅限记记账、对对账，无时间无精力参与建设项目全过程管理。由于对建设项目不了解，错记账、漏记账时有发生，对工程竣工财务决算无从下手，待摊费用分摊不清，资料归集不全，为编制建设项目竣工财务决算带来困难。为此，为加强基本建设财务管理，在运行机制上，既能实现建设项目独立核算，又不游离于单位"大账"之外。部分行政事业单位进行了实践探索并取得了成功经验值得借鉴，具体做法为：设置建设项目财务部并配备专职会计人员和出纳人员，人员数量根据建设项目规模的大小确定。开设建设项目辅助账，用于办理日常工程款结算、核算建设项目日常支出。建设项目日常资金支付金额权限由单位财务部门授权，并登记支出明细账。一般每月月底，建设项目财务部将相关支出情况以明细表（记录支出内容、合同金额、支付金额等信息项）加汇总表的形式向单位财务部门进行移交，由单位财务部门据此登记单位"大账""在建工程"科目，原始凭证及明细账，建设项目财务部保存，待项目全部完工后，将原始凭证装订成册与账簿相关资料整理后，向单位财务部门移交。

2. 健全基本建设项目财务管理体制

基本建设财务部门要严格执行国家基本建设财务管理规章制度，并结合单位项目实际情况，有针对性地制定单位建设项目管理规章制度。建立与基建计划部门、工程管理部门、资产管理等部门的有效沟通协调机制，以风险防控为抓手，切实做好建设项目风险点防控和绩效考评。

3. 严格工程结算款支付

建设项目竣工后，建设工程中所有的合同也进入结算审核阶段。要充分发挥跟踪审计单位的作用，对所有合同必审，财务部门对未经结算审核的项目一律不予办理结算款支付。

4. 及时编制建设项目竣工财务决算

建设项目竣工验收后，财务部门要牵头组织相关部门开展建设项目竣工财务决算的编报工作。

对建设过程中所有临时设施和材料要及时进行清理，对所有合同进行梳理，对应收应付款项及时核对、审查工程款支付情况。对工程项目的待摊费用等进行合理的计算和摊销，及时办理资产的交付手续。相关部门要积极配合财务部门完成竣工决算的编制工作。

5. 强化财务监督

在整个基本建设项目中，提升财务人员的参与度。将财务监督贯穿项目建设始终，从事前、事中、事后三个方面做好监督，有效规避财务风险，提高资金使用效益。具体为：

强化事前监督：财务人员要积极参与建设项目的前期关键环节工作，如建设项目可行性研究、工程造价、工程招标采购等，了解项目建设的重要性、可行性；参与重大经济合同和施工合同的谈判和签订；参与项目设计施工图的预算审核，审核项目工程量的真实性，定额套用的正确性、准确性，措施费用计取的合理性。了解施工合同与设计文件、年度投资计划内容的一致性，审核有无计划外工程或任意扩大建设规模，提高建筑标准等非正常情况的发生；审查预付款、工程材料进度款及履约保证金的支付条款是否符合有关规定等。

细化过程监督：财务人员要深入施工现场，掌握建设项目的承包方式、工期和工程总造价等基本情况。根据工程管理部门提供的进度资料，核对与年度计划和设计文件是否相符，工程质量是否符合设计要求等。坚持按工程进度合理结算工程款；审查建设项目施工过程中发生的设计变更，是否有设计单位、监理单位、单位工程管理部门、施工单位签字确认，仔细核对是否存在超标准、超规模等浪费情况发生；核对合同履约情况，核对实际到货的品种、规格、数量等，审核无误后方能办理支付。

完善事后监督：加强工程项目结算审核，规范编制建设项目竣工财务决算。

6. 加强基本建设财务人员业务素质培养，提升财务管理人员的水平

基本建设财务管理人员不仅要熟练掌握基本建设财务管理规章制度，更要熟悉基本建设工作流程，对基本建设专业知识要有一定的积累。因此，加强对基本建设财务人员的培养尤为重要。一方面通过举办定期培训提高专业知识水平，另一方面定期举办行政事业单位基本建设财务管理人员交流经验，提升管理水平。

（三）建立健全制度保障体系

建立健全行政事业单位建设项目财务管理规章制度和建设项目内部控制管理制度。要规范行政事业单位基本建设工作程序，结合实际制定完善本单位的基本建设管理办法，其中包括建设项目预算管理、资金管理、招投标管理、成本管理、竣工财务决算、固定资产管理等。规范的基本建设程序是提升基本建设财务管理的基础。

（四）项目建设信息化保障

针对基本建设项目建设规模大、建设周期长、建设资金量大、成本控制严格、审批手续烦琐、建设工期紧等特点，建立建设项目动态管理系统，实现对建设项目生命周期的动态管理，对提升基本建设管理水平、建设项目财务管理水平、实现资源共享、提高工作效率、加快建设项目进程具有十分重要的意义。具体为：

一是实现项目管理的程序化、信息化、科学化。将基本建设管理办法、程序通过计算机语言，实现建设项目从立项、招标、合同管理、施工管理、竣工验收

及资产交付使用的全过程管理，加强建设单位管理层对项目的动态控制，实现管理资源共享，提升项目管理水平和管理实效。

二是建设项目管理系统平台建设涵盖项目管理全过程；从业务关系上来看，包含项目信息、项目前期立项、招标采购、合同履约管理、投资控制、资金控制、施工控制、项目竣工验收评估、项目档案归档、资产移交等全过程的各项业务；在过程控制上，主要通过标准化的单据、规范化的流程实现业务执行过程的控制，有效防止业务漏洞，并且在业务执行过程中，实施对各项业务进行预警；最终为领导提供全方位的项目监控平台，便于领导"一站式"统揽全局。

项目管理平台流程如图4-1所示。

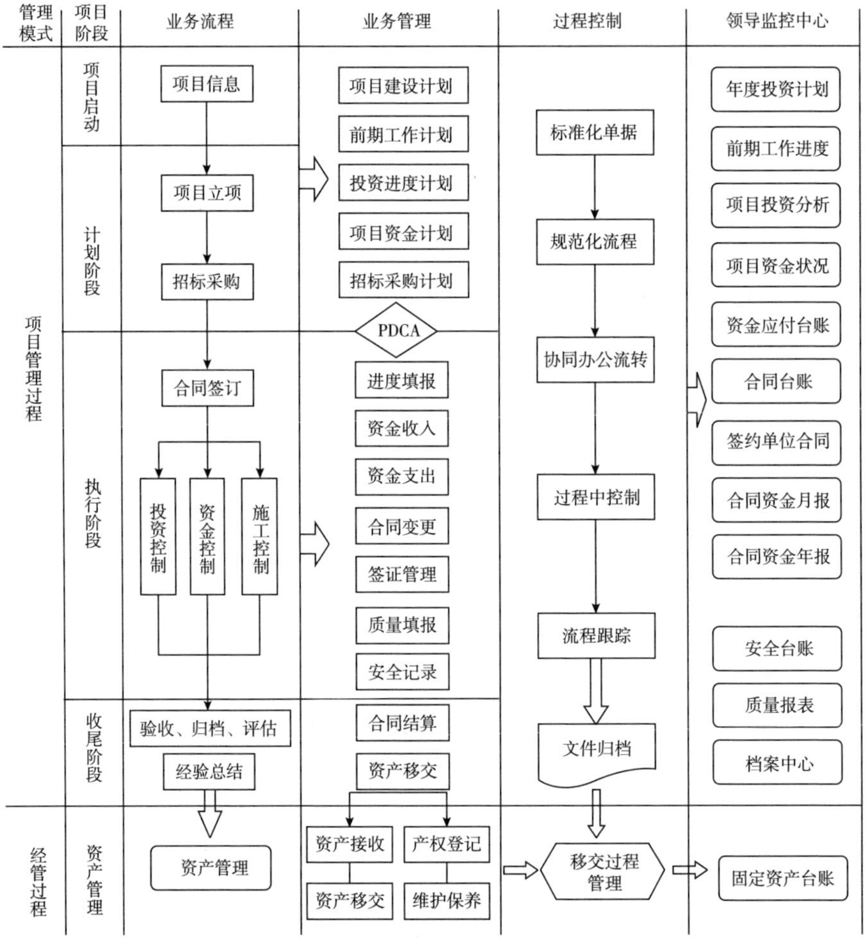

管理模式	项目阶段	业务流程	业务管理	过程控制	领导监控中心
	项目启动	项目信息	项目建设计划	标准化单据	年度投资计划
			前期工作计划		前期工作进度
	计划阶段	项目立项	投资进度计划	规范化流程	项目投资分析
			项目资金计划		项目资金状况
		招标采购	招标采购计划	协同办公流转	资金应付台账
项目管理过程			PDCA		合同台账
	执行阶段	合同签订	进度填报		签约单位合同
			资金收入		合同资金月报
		投资控制 资金控制 施工控制	资金支出	过程中控制	合同资金年报
			合同变更		
			签证管理		
			质量填报	流程跟踪	安全台账
			安全记录		质量报表
	收尾阶段	验收、归档、评估	合同结算	文件归档	档案中心
		经验总结	资产移交		
经营过程	资产管理	资产管理	资产接收 产权登记 资产移交 维护保养	移交过程管理	固定资产台账

图 4-1 项目管理平台流程

三、行政事业单位建设项目财务管理案例

（一）案例一：某单位学生公寓楼修缮工程结算审核情况

1. 项目基本情况

某单位学生公寓楼地址位于：北京市×××。

修缮工程内容为：金属窗拆除、金属窗安装、块料楼地面新做、墙面喷刷涂料新做、屋面卷材防水层新做、普通灯具及吸顶灯安装、电气配管配线等工程。

该工程由×××建设投资集团有限公司负责施工，合同金额为 1811657.81 元，计价方式为清单计价，合同价格形式为可调价合同。

该工程于 2018 年 6 月 1 日开工，2018 年 9 月 10 日竣工。

2. ×××建设投资集团有限公司送审资料

公寓楼修缮项目招投标文件、中标通知书、施工合同；

设计图纸、施工图纸以及施工现场变更洽商记录、确认单等；

工程竣工验收合格报告、质量验收报告、工程结算书；

工程施工现场影像资料、装修材料进场记录、隐蔽工程记录、施工日志、材料检验报告、监理会议纪要等。

3. 审核依据

《建设项目工程结算编审规程》（CECA/GC 3—2010）；

施工合同及组成合同的附件；

《建设工程工程量清单计价规范》（GB50500—2013）、北京市房屋修缮工程预算定额》（2012）、《北京市建设工程计价依据——预算定额》（2012）、《北京建设工程造价信息》（2018 年第 6 期）；

洽商记录；

工程招、投标文件；

影响结算的其他相关资料。

4. 审核单位审核程序

由项目负责人接收建设单位的送审资料，同时办理资料交接手续；

项目负责人按送审资料进行分工，并且分配到审核人员的手中；

审核人员依据送审资料、合同、取证材料等国家有关法规，对送审的结算逐项进行审核，编制结算调整明细，交项目负责人复核；

项目负责人复核后调整审核结果，并编写成果文件初稿，交于部门经理进行二级审核；

根据二级审核意见修改成果文件初稿，交与建设单位和施工单位进行沟通，交换意见；

与建设单位和施工单位意见达成一致后，经部门经理签认后进行第三级复核；

按照第三级复核意见调整成果文件，并再次与建设单位和施工单位交换意见，达成一致后出具正式成果文件；

整理资料，进行归档。

5. 审核结果

该工程送审结算金额为 1778483.89 元，经审核，并经建设单位、施工单位及审核公司三方代表共同签字、盖章确认，审定结算金额为 1638777.92 元，审减金额为 139705.97 元。

6. 审核发现的主要问题及处理情况

（1）工程量计算有误。例如：

1）台阶砌抹，送审工程量 21.6 平方米，送审单价 513.84 元/米，审核工程量 0 平方米，核减金额 11098.94 元；

2）金属扶手、栏杆、栏板新做，送审工程量 7.6 米，送审单价 3646.87 元/米，审核工程量 0 米，核减金额 27716.21 元。

（2）单价记取有误。例如：

1）墙面喷刷涂料新做，送审工程量 836.6 平方米，送审单价 53.99 元/平方米，审核单价 49.58 元/平方米，核减金额 3689.4 元；

2）金属（塑钢）门安装，送审工程量 16.2 平方米，送审单价 1341.43 元/平方米，审核单价 1185.21 元/平方米，核减金额 2530.76 元。

详情如表4-1至表4-15所示。

表4-1 工程结算审定表

工程名称	×××学生公寓修缮工程		工程地址		北京市×××
发包人	×××		承包人		×××建设投资集团有限公司
委托合同编号	合字〔2018〕第01224号		审定日期		2019年3月28日
送审金额（元）	1778483.89		调整金额（元）	核增	
				核减	−139705.97
审定金额（元）	大写	壹佰陆拾叁万捌仟柒佰柒拾柒元玖角贰分		小写	1638777.92

委托单位： （签章） 法定代表人或其授权人： （签字或盖章）	施工单位： （签章） 法定代表人或其授权人： （签字或盖章）	工程造价咨询企业： （签章） 法定代表人或其授权人： （签字或盖章） 技术负责人： （签字并盖执业章）

表4-2 工程结算审核汇总对比表

工程名称：×××学生公寓修缮工程　　　　　　　　　　　　　　　　金额单位：元

序号	单项工程名称	送审金额	审定金额	调整金额	备注
1	2号楼工程	1278345.10	1138827.53	−139517.57	
2	2号楼电气工程	49106.76	39833.18	−9273.58	
3	3号楼工程	109500.68	125555.27	16054.59	
4	1号楼工程	97732.43	111600.98	13868.55	
5	配电室工程	117330.38	119925.88	2595.50	
6	大门口工程	20751.71	7761.18	−12990.53	
7	1#、2#、3#楼阳台加防水工程	21092.52	25856.45	4763.93	
8	平房管道沟新做	38092.01	33445.39	−4646.62	
9	围挡搭拆	39962.91	29952.23	−10010.68	
10	给水管	6569.39	6019.83	−549.56	
	合计	1778483.89	1638777.92	−139705.97	

表 4-3 单位工程结算审核明细表

工程名称：2号楼工程

金额单位：元

序号	项目名称	送审		审定		增减金额	备注
		计算表达式	金额	计算表达式	金额		
1	分部分项工程	分部分项合计×100%	942228.28	分部分项合计×100%	860347.44	-81880.84	
	弃土或渣土运输和消纳费	6901.1		5373.73	-1527.37		
2	措施项目	措施项目合计×100%	169787.15	措施项目合计×100%	128666.17	-41120.98	
2.1	总价措施	组织措施项目合计×100%	64449.67	组织措施项目合计×100%	43018.22	-21431.45	
2.1.1	安全文明施工费	（安全文明施工费+临时设施费）×100%	26382.91	（安全文明施工费+临时设施费）×100%	24090.21	-2292.7	包含安全文明施工费及临时设施费
2.1.2	施工垃圾场外运输和消纳费	施工垃圾场外运输和消纳费×100%	1884.49	施工垃圾场外运输和消纳费×100%	1720.72	-163.77	
2.2	单价措施	技术措施项目合计×100%	105337.48	技术措施项目合计×100%	85647.95	-19689.53	
3	其他项目	其他项目合计×100%		其他项目合计×100%			
3.1	暂列金额	暂列金额×100%		暂列金额×100%			
3.2	专业工程暂估价	专业工程暂估价×100%		专业工程暂估价×100%			
3.3	计日工	计日工×100%		计日工×100%			
3.4	总承包服务费	总承包服务费×100%		总承包服务费×100%			
4	规费	（社会保险费+住房公积金）×100%	50116.48	（社会保险费+住房公积金）×100%	46284.14	-3832.34	
4.1	社会保险费	（分部分项人工费+技术措施项目人工费+组织措施项目人工费）×17.31%	36542.39	（分部分项人工费+技术措施项目人工费+组织措施项目人工费）×17.31%	33748.04	-2794.35	
4.2	住房公积金	（分部分项人工费+技术措施项目人工费+组织措施项目人工费）×6.43%	13574.09	（分部分项人工费+技术措施项目人工费+组织措施项目人工费）×6.43%	12536.1	-1037.99	
5	税金	（分部分项工程+措施项目+其他项目+规费）×10%	116213.19	（分部分项工程+措施项目+其他项目+规费）×10%	103529.78	-12683.41	
6	工程造价	（分部分项工程+措施项目+其他项目+规费+税金）×100%	1278345.1	（分部分项工程+措施项目+其他项目+规费+税金）×100%	1138827.53	-139517.57	

表4-4 分部分项核审明细表

工程名称：2号楼工程

金额单位：元

序号	项目编码	项目名称与特征	计量单位	送审			审定			增减金额	增减说明
				工程量	综合单价	综合合价	工程量	综合单价	综合合价		
		门窗工程									
1	911507001002	金属窗拆除 窗类型：铝合金窗 框截面面积：1500×1500 窗框、扇材质：铝合金	樘	134	43.51	5830.34	134	43.51	5830.34		
2	911507010002	金属窗安装 窗类型：断桥铝 窗框或扇外围尺寸：1500×1500 窗框、扇材质：断桥铝	m²	301.5	1391.36	419495.04	301.5	1378.86	415726.29	−3768.75	[调价]
3	911507001001	金属窗拆除 窗类型：铝合金窗 框截面面积：1500×900 窗框、扇材质：断桥铝	樘	20	43.51	870.2	20	43.51	870.2		
4	911507010001	金属窗安装 窗类型：断桥铝 窗框或扇外围尺寸：1500×900 窗框、扇材质：断桥铝	m²	27	1403.43	37892.61	27	1389.05	37504.35	−388.26	[调价]
5	911507001003	金属窗拆除 窗类型：铝合金窗 框截面面积：1500×1900 窗框、扇材质：铝合金	樘	10	43.51	435.1	10	43.51	435.1		

续表

序号	项目编码	项目名称与特征	计量单位	送审			审定			增减金额	增减说明
				工程量	综合单价	综合合价	工程量	综合单价	综合合价		
6	911507010003	金属窗安装 窗类型：断桥铝 窗框或扇外围尺寸：1500×1900 窗框、扇材质：断桥铝	m²	28.5	1383.75	39436.88	28.5	1371.19	39078.92	-357.96	[调价]
7	911501001001	木门拆除 门类型：防火门 框截面尺寸、单扇面积：1500×2000	樘	2	34.81	69.62	2	34.81	69.62		
8	911501014001	木质防火门安装 门类型及框外围尺寸：1500×2000 五金材料品种、规格：执手锁，闭门器，定位器	m²	6	1357.47	8144.82	6	817.33	4903.98	-3240.84	[调价]
9	911501001002	木门拆除 门类型：防火门 框截面尺寸、单扇面积：1500×2400	樘	2	34.81	69.62	2	34.81	69.62		
10	911501014002	木质防火门安装 门类型及框外围尺寸：1500×2000 五金材料品种、规格：执手锁，闭门器，定位器	m²	7.2	1329.37	9571.46	6	817.33	4903.98	-4667.48	[调量，调价]
11	911507014001	金属窗护栏安装 材质、外围尺寸：不锈钢窗护栏拆除新做	m²	69.36	312.25	21657.66	69.36	312.07	21645.18	-12.48	[调价]
		分部小计（门窗工程）				543473.35			531037.58	-12435.77	
		一层所有工作内容									
12	911202001001	块料、石材面层楼地面拆除 面层材料品种：300×300 地砖	m²	106.2	22.82	2423.48	92.86	22.82	2119.07	-304.41	[调量]

续表

序号	项目编码	项目名称与特征	计量单位	送审			审定			增减金额	增减说明
				工程量	综合单价	综合合价	工程量	综合单价	综合合价		
13	911202003001	块料楼地面新做 找平层厚度、砂浆类型：水泥砂浆找平层2cm厚 面层材料品种、规格、颜色：600×600地砖	m²	106.2	182.91	19425.04	92.86	182.62	16958.09	-2466.95	[调量，调价]
14	911304001001	块料、石材墙面拆除 墙体类型：墙裙 1.2米高 面层材料品种、规格：300×600面砖	m²	65.64	26.49	1738.8	65.64	26.49	1738.8		
15	911609001001	清理涂料层 基层类型：腻子	m²	88.91	3.39	301.4	88.91	3.39	301.4		
16	911609003001	墙面喷刷涂料新做 喷刷涂料部位：内墙 腻子种类：耐水腻子 涂料品种、遍数：两遍	m²	154.55	53.99	8344.15	154.55	49.58	7662.59	-681.56	[调价]
17	911304001002	块料、石材墙面拆除 墙体类型：门厅墙砖	m²	53.28	26.49	1411.39	53.28	26.49	1411.39		
18	911304003001	块料墙面新做 墙体类型：门厅墙砖 面层材料品种、规格、颜色：轴面砖	m²	53.28	186.24	9922.87				-9922.87	[减项]
19	911001007001	台阶卸抹 台阶图示尺寸：室外台阶原水泥面层 面层厚度：新做地砖	m²	21.6	513.84	11098.94				-11098.94	[减项]
20	910301001002	砖砌体拆除	m³	3.04	155.94	474.06				-474.06	[减项]

续表

序号	项目编码	项目名称与特征	计量单位	送审			审定			增减金额	增减说明
				工程量	综合单价	综合合价	工程量	综合单价	综合合价		
21	911207003001	金属扶手、栏杆、栏板新做 扶手材料种类、规格、颜色：不锈钢 栏杆材料种类、规格、颜色：不锈钢 固定配件种类：室外台阶新做	m	7.6	3646.87	27716.21				−27716.21	[减项]
		分部小计（一层所有工作内容）				82856.34			30191.34	−52665.00	
		二至六层所有工作内容									
22	911202001002	块料、石材楼地面面层拆除 面层材料类：300×300地砖	m²	336	22.82	7667.52	336	22.82	7667.52		
23	911202003002	块料楼地面新做 找平层厚度、砂浆类型：水泥砂浆找平层 2cm厚 面层材料品种、规格、颜色：600×600地砖	m²	328.8	182.91	60140.81	328.8	182.62	60045.46	−95.35	[调价]
24	911304001003	块料、石材墙面拆除 墙体类型：墙裙1.2米高 面层材料品种、规格：300×600面砖	m²	361.2	26.49	9568.19	361.2	26.49	9568.19		
25	911609001002	清理涂料层 基层类型：腻子	m²	475.4	3.39	1611.61	475.4	3.39	1611.61		
26	911609003002	墙面喷刷涂料新做 喷刷涂料部位：内墙 腻子种类：耐水腻子 涂料品种、遍数：两遍	m²	836.6	53.99	45168.03	836.6	49.58	41478.63	−3689.40	[调价]
		分部小计（二至六层所有工作内容）				124156.16			120371.41	−3784.75	

续表

序号	项目编码	项目名称与特征	计量单位	送审			审定			增减金额	增减说明
				工程量	综合单价	综合合价	工程量	综合单价	综合合价		
27	911206005001	楼梯间 块料楼梯面层新做 找平层厚度、砂浆类型：2cm 水泥砂浆 面层材料种类、规格、颜色：地砖面层	m²	96	391.61	37594.56	96	391.25	37560	−34.56	[调价]
28	911304001004	块料、石材墙面拆除 墙体类型：楼梯内墙	m²	224.8	26.49	5954.95	224.8	26.49	5954.95		
29	911609003003	墙面喷刷涂料新做 喷刷涂料部位：楼梯内墙 基层类型： 腻子种类：耐水腻子 涂料品种、遍数：两遍	m²	224.8	53.99	12136.95	224.8	49.58	11145.58	−991.37	[调价]
30	911609006003	天棚清理刷涂料 基层类型：楼梯	m²	96	3.54	339.84	192	3.54	679.68	339.84	[调量]
31	911609007003	天棚喷刷涂料新做 腻子种类：耐水腻子 涂料品种、遍数：两遍	m²	96	13.64	1309.44	192	13.57	2605.44	1296.00	[调量，调价]
32	911207001001	扶手、栏杆、栏板拆除 扶手材料种类、规格：木扶手	m	59	2.01	118.59	59	2.01	118.59		
33	911207004001	木质扶手、栏杆、栏板新做 扶手材料种类、规格、颜色：硬木扶手	m	59	350.83	20698.97	59	337.72	19925.48	−773.49	[调价]
34	911501001004	木门拆除 门类型：木门	樘	2	34.81	69.62	2	34.81	69.62		

序号	项目编码	项目名称与特征	计量单位	送审			审定			增减金额	增减说明
				工程量	综合单价	综合合价	工程量	综合单价	综合合价		
35	911501014003	木质防火门安装 门类型及框外围尺寸: 防火门1500×2300 五金材料品种、规格: 执手锁、闭门器、定位器	m²	6.9	1335.48	9214.81	6.9	797.9	5505.51	-3709.30	[调价]
		分部小计(楼梯间)				87437.73			83564.85	-3872.88	
		屋面防水									
36	910802001001	屋面防水层拆除 保护层种类: 无 防水层种类、厚度: 铲除防水卷材	m²	647.2	7.86	5086.99	515.43	7.86	4051.28	-1035.71	[调量]
37	910802003001	屋面卷材防水层新做 卷材品种、规格: SBS卷材	m²	647.2	115.91	75016.95	515.43	139.9	72108.66	-2908.29	[调量, 调价]
38	910801018001	混凝土屋面找平层新做 材料种类、配合比: 干拌砂浆找平 铺抹厚度: 2cm	m²	647.2	26.73	17299.66	515.43	26.48	13648.59	-3651.07	[调量, 调价]
		分部小计(屋面防水)				97403.6			89808.53	-7595.07	
		渣土运输									
39	911101003001	渣土运输 工程位置: 所有部位	m³	79.8	86.48	6901.1	79.8	67.34	5373.73	-1527.37	[调价]
		分部小计(渣土运输)				6901.1			5373.73	-1527.37	
		合计				942228.28			860347.44	-81880.84	

表4-5 措施项目审核明细表

工程名称：2号楼工程

金额单位：元

序号	项目名称	计量单位	送审			审定			增减金额	增减说明
			取费基数/工程量	单价/费率（%）	金额	取费基数/工程量	单价/费率（%）	金额		
一	措施项目				169787.15			128666.17	-41120.98	
	总价措施	项			64449.67			43018.22	-21431.45	
9119030001001	安全文明施工费	项	分部分项人工费+分部分项主材费+分部分项设备费+分部分项机械费	1	9422.46	分部分项人工费+分部分项主材费+分部分项设备费+分部分项机械费	1	8603.65	-818.81	[调基数]
911903011	施工垃圾场外运输和消纳费	项	分部分项人工费+分部分项主材费+分部分项设备费+分部分项机械费	0.2	1884.49	分部分项人工费+分部分项主材费+分部分项设备费+分部分项机械费	0.2	1720.72	-163.77	[调基数]
9119030003001	夜间施工费	项	分部分项人工费+分部分项主材费+分部分项设备费+分部分项机械费	0.48	4522.78	分部分项人工费+分部分项主材费+分部分项设备费+分部分项机械费	0.48	4129.75	-393.03	[调基数]
9119030004001	二次搬运费	项	分部分项人工费+分部分项主材费+分部分项设备费+分部分项机械费	1.52	14322.15	分部分项人工费+分部分项主材费+分部分项设备费+分部分项机械费	1.52	13077.54	-1244.61	[调基数]
9119030005001	冬雨季施工费	项	分部分项人工费+分部分项主材费+分部分项设备费+分部分项机械费	0.82	7726.43	分部分项人工费+分部分项主材费+分部分项设备费+分部分项机械费	0		-7726.43	[减项]

续表

序号	项目名称	计量单位	送审			审定			增减金额	增减说明
			取费基数/工程量	单价/费率(%)	金额	取费基数/工程量	单价/费率(%)	金额		
91190300 2001	临时设施费	项	分部分项人工费+分部分项材料费+分部分项设备费+分部分项机械费	1.8	16960.45	分部分项人工费+分部分项材料费+分部分项设备费+分部分项机械费	1.8	15486.56	-1473.89	[调整数]
91190300 6001	施工困难增加费	项	分部分项人工费+分部分项材料费+分部分项设备费+分部分项机械费	0.52	4899.68	分部分项人工费+分部分项材料费+分部分项设备费+分部分项机械费	0	4899.68	-4899.68	[减项]
91190300 7001	原有建筑物、设备、陈设、高级装修及文物保护费	项	分部分项人工费+分部分项材料费+分部分项设备费+分部分项机械费	0.5	4711.23	分部分项人工费+分部分项材料费+分部分项设备费+分部分项机械费	0	4711.23	-4711.23	[减项]
二	单价措施				105337.48			85647.95	-19689.53	
91190100 8002	内墙装饰脚手架	m	692	146.33	101260.36	600.28	142.68	85647.95	-15612.41	[调量,调价]
91190100 7001	天棚装饰脚手架	m²	96	42.47	4077.12				-4077.12	[减项]
	合计				169787.15			128666.17	-41120.98	

工程名称：2号楼工程

表4-6　单位工程人材机审核明细表

金额单位：元

序号	材料编码	项目名称	规格型号	单位	预算价	送审 数量	送审 市场价	送审 合价	审定 数量	审定 市场价	审定 合价	增减 单价	增减 合价	增减说明
一		人工												
1	870007	综合工日		工日	82.1	1610.6991	114	183619.7	1547.1712	114	176377.52		-7242.18	[调量，调价]
		人工小计						183619.7			176377.52		-7242.18	
二		材料												
1	020001	水泥（综合）		kg	0.4	1116.7929	0.54	603.07	838.593	0.491	411.75	-0.05	-191.32	[调量，调价]
2	020003	白水泥		kg	0.95	33.696	0.95	32.01		0.741		-0.21	-32.01	[减项]
3	030179	直形硬木扶手	150×62	m	187.8	71.39	187.8	13407.04	71.39	179.61	12822.36	-8.19	-584.68	[调价]
4	030184	松木规格料	150×62	m³	4126.6	1.7054	4126.6	7037.5	1.7054	2000	3410.8	-2126.6	-3626.7	[调价]
5	030224	硬木弯头	150×62	个	32.5	44.84	32.5	1457.3	44.84	32.5	1457.3			
6	040285	乔土或渣土消纳		m³		79.8	15	1197	79.8	15	1197			
7	060004	陶瓷锦砖（马赛克）		m²	24	37.152	150	5572.8		129.32		-20.68	-5572.8	[减]
8	060050	釉面砖		m²	90	51.1488	73	3733.86		73			-3733.86	[减项]
9	060065	地砖踢脚		m	15.1	113.28	15.22	1724.12	113.28	15.22	1724.12			
10	060102	地面砖 0.36m² 以内		m²	65	448.05	65	29123.25	434.3098	65	28230.14		-893.11	[调价]
11	060103	通体砖 0.09m² 以内		m²	41.5	139.2	65	9048	139.2	65	9048			
12	090160	膨胀螺栓	φ10	套	2.47	208.08	2.62	545.17	208.08	2.62	545.17			
13	090233	镀锌铁丝	8#~12#	kg	6.25	121.44	6.25	759	100.847	4.22	425.57	-2.03	-333.43	[调量，调价]
14	090261	圆钉		kg	7	4.48	7	31.36	4.48	4.83	21.64	-2.17	-9.72	[调价]

续表

序号	材料编码	项目名称	规格型号	单位	预算价	送审			审定			增减		增减说明
						数量	市场价	合价	数量	市场价	合价	单价	合价	
15	090273	预埋铁件		kg	4.1	112.6596	4.65	523.87	97.6116	4.17	407.04	-0.48	-116.83	[调量、调价]
16	090321	执手锁		个	68	6	146	876	6	125.81	754.86	-20.19	-121.14	[调价]
17	090323	门碰头定位器		个	21.9	6	32	192	6	27.59	165.54	-4.41	-26.46	[调价]
18	090326	闭门器		个	132.8	6	132.8	796.8	6	110	660	-22.8	-136.8	[调价]
19	090344	不锈钢法兰	φ32	个	15	63.27	264	16703.28		264			-16703.28	[减项]
20	090347	不锈钢扶手	φ75	m	149.5	9.196	149.5	1374.8		149.5			-1374.8	[减项]
21	090351	不锈钢栏杆	φ32	m	64	52.3032	64	3347.4		64			-3347.4	[减项]
22	090352	不锈钢弯头	φ75	个	18.2	5.776	18.2	105.12		18.2			-105.12	[减项]
23	090409	窗纱		m²	3	131.592	3	394.78	131.592	3	394.78			
24	090429	塑料膨胀螺栓	M8×110	个	1.13	7818.3	1.13	8834.68	7818.3	1.13	8834.68			
25	090628	木螺钉	5×30	个	0.04	66	0.04	2.64	66	0.04	2.64			
26	091221	小五金		元	1	661.88	1	661.88	661.88	1	661.88			
27	091302	门窗固定件		个	1.01	6343.89	1.01	6407.33	6343.89	1.01	6407.33			
28	091357	铁件（垫铁）		kg	5.8	34.572	5.8	200.52	32.508	5.8	188.55		-11.97	[调量]
29	100055	SBS改性沥青油毡防水卷材	3mm	m²	28	906.08	39	35337.12	1304.0379	24.14	31479.47	-14.86	-3857.65	[调量、调价]
30	100080	聚氨酯防水涂料		kg	16	188.9824	17.09	3229.71	150.5056	17.09	2572.14		-657.57	[调量]
31	100101	E44环氧树脂		kg	27.5	0.532	30.5	16.23		30.5			-16.23	[减项]
32	100106	乙酸乙脂		kg	30.5	33.0072	30.5	1006.72	26.2869	6.34	166.66	-24.16	-840.06	[调量、调价]
33	100142	水乳型橡胶沥青		kg	6.2	232.992	33	7688.74	185.5548	25	4638.87	-8	-3049.87	[调量、调价]

续表

序号	材料编码	项目名称	规格型号	单位	预算价	送审 数量	送审 市场价	送审 合价	审定 数量	审定 市场价	审定 合价	增减 单价	增减 合价	增减说明
34	110105	密封膏		kg	43	108.6048	43	4670.01	108.2592	43	4655.15		-14.86	[调量]
35	110132	乳胶		kg	6.5	3.032	12	36.38	3.032	12	36.38			
36	110172	汽油		kg	9.44	323.6	9.44	3054.78	515.43	8.04	4144.06	-1.4	1089.28	[调量，调价]
37	110220	耐水腻子（粉）		kg	1.42	1878.1688	1.42	2667	2023.6088	1.38	2792.58	-0.04	125.58	[调量，调价]
38	110643	聚氨酯嵌缝膏		kg	14.2	142.0348	14.2	2016.89	157.0116	14.2	2229.56		212.67	[调量]
39	150035	密封条		m	1.85	3209.43	1.85	5937.45	3209.43	1.85	5937.45			
40	370042	铝合金单玻平开窗		m²	380	357	840	299880	357	840	299880			
41	370076	彩板附框		m²	77	357	78	27846	357	78	27846			
42	370089	木防火门		m²	890	20.1	890	17889	18.9	471.6	8913.24	-418.4	-8975.76	[调量，调价]
43	370211	不锈钢窗护栏		m²	160	70.0536	160	11208.58	70.0536	160	11208.58			
44	400034	DS砂浆		m³	459	40.2675	459	18482.78	35.9099	453.83	16296.99	-5.17	-2185.79	[调量，调价]
45	400043	胶黏剂DTA砂浆		m³	2200	4.1543	2200	9139.46	3.6135	2200	7949.7		-1189.76	[调量]
46	400044	嵌缝剂DTG砂浆		m³	5100	1.5663	5100	7988.13	1.3998	5100	7138.98		-849.15	[调量]
47	410058	DPM15-HR砂浆		m³	665	6.323	665	4204.8	6.323	431.47	2728.18	-233.53	-1476.62	[调价]
48	410059	DPM10-HR砂浆		m³	665	11.3083	665	7520.02	11.3083	420.29	4752.77	-244.71	-2767.25	[调价]
49	840004	其他材料费		元	1	3146.7801	1	3146.78	3031.8973	1	3031.9		-114.88	[调量]
50	C00001	白灰		kg	0.23	159.36	0.388	61.83	159.36	0.388	61.83			
51	C00002	纸筋		kg	0.32	9.024	0.45	4.06	9.024	0.45	4.06			
		材料小计						587725.05			526235.7		-61489.35	

续表

序号	材料编码	项目名称	规格型号	单位	预算价	送审			审定			增减		增减说明
						数量	市场价	合价	数量	市场价	合价	单价	合价	
三		机械												
1	800007	载重汽车	5t	台班	193.5	11.936	500	5968	9.6045	475.11	4563.19	-24.89	-1404.81	[调量，调价]
2	800895	自卸汽车	5t	台班		2.6174	820	2146.27	2.6174	350.74	918.03	-469.26	-1228.24	[调价]
3	840023	其他机具费		元	1	3415.4396	1	3415.44	3309.3965	1	3309.4		-106.04	[调量]
4	841002	其他机具费		元	1	84.7859	1	84.79	84.7859	1	84.79			
5	888810	中小型机械费		元	1	5705.7559	1	5705.76	5427.0675	1	5427.07		-278.69	[调量]
		机械小计						17320.26			14302.48		-3017.78	
四		设备												
五		主材												
1	01-074@1	钢管		m	0.11	11638.744	0.11	1280.26	9574.466	0.11	1053.19		-227.07	[调量]
2	11-008	软填料		kg	10	4.1616	10	41.62	4.1616	10	41.62			
3	15-057@1	木脚手板		块	0.36	1233.9	1.75	2159.33	945.441	0.36	340.36	-1.39	-1818.97	[调量，调价]
4	83-001@1	扣件		个	0.11	3240.216	0.11	356.42	2495.9642	0.11	274.56		-81.86	
5	83-002	底座		个	51	26.88	51	1370.88		51			-1370.88	[减项]
6	83-002@1	底座		个	51	948.04	51	48350.04	822.3836	51	41941.56		-6408.48	[调量]
		主材小计						53558.55			43651.29		-9907.26	
		合计						842223.56			760566.99		-81656.57	

表4-7　单位工程审核明细表

工程名称：2号楼电气工程

金额单位：元

序号	项目名称	送审		审定		增减金额	备注
		计算表达式	金额	计算表达式	金额		
1	分部分项工程	分部分项合计×100%	40939.86	分部分项合计×100%	33450.03	-7489.83	
	弃土或渣土运输和消纳费						
2	措施项目	措施项目合计×100%	1852.37	措施项目合计×100%	1107.01	-745.36	
2.1	总价措施	组织措施项目合计×100%	1852.37	组织措施项目合计×100%	1107.01	-745.36	
2.1.1	安全文明施工费	(安全文明施工费+临时设施费)×100%	755.6	(安全文明施工费+临时设施费)×100%	695.72	-59.88	包含安全文明施工费及临时设施费
2.1.2	施工垃圾场外运输和消纳费	施工垃圾场外运输和消纳费×100%	75.56	施工垃圾场外运输和消纳费×100%	69.57	-5.99	
2.2	单价措施	技术措施项目合计×100%		技术措施项目合计×100%			
3	其他项目	其他项目合计×100%		其他项目合计×100%			
3.1	暂列金额	暂列金额×100%		暂列金额×100%			
3.2	专业工程暂估价	专业工程暂估价×100%		专业工程暂估价×100%			
3.3	计日工	计日工×100%		计日工×100%			
3.4	总承包服务费	总承包服务费×100%		总承包服务费×100%			
4	规费	(社会保险费+住房公积金)×100%	1850.28	(社会保险费+住房公积金)×100%	1654.94	-195.34	
4.1	社会保险费	(分部分项人工费+技术措施项目人工费+组织措施项目人工费)×17.31%	1349.13	(分部分项人工费+技术措施项目人工费+组织措施项目人工费)×17.31%	1206.7	-142.43	
4.2	住房公积金	(分部分项人工费+技术措施项目人工费+组织措施项目人工费)×6.43%	501.15	(分部分项人工费+技术措施项目人工费+组织措施项目人工费)×6.43%	448.24	-52.91	
5	税金	(分部分项工程+措施项目+其他项目+规费)×10%	4464.25	(分部分项工程+措施项目+其他项目+规费)×10%	3621.2	-843.05	
6	工程造价	(分部分项工程+措施项目+其他项目+规费+税金)×100%	49106.76	(分部分项工程+措施项目+其他项目+规费+税金)×100%	39833.18	-9273.58	

工程名称：3号楼工程

表4-8 单位工程审核明细表

金额单位：元

序号	项目名称	送审		审定		增减金额	备注
		计算表达式	金额	计算表达式	金额		
1	分部分项工程	分部分项合计×100%	88729.87	分部分项合计×100%	103172.09	14442.22	
	弃土或渣土运输和消纳费		506.77		361.67	-145.1	
2	措施项目	措施项目合计×100%	6069.49	措施项目合计×100%	5158.47	-911.02	
2.1	总价措施	组织措施项目合计×100%	6069.49	组织措施项目合计×100%	5158.47	-911.02	
2.1.1	安全文明施工费	（安全文明施工费+临时设施费）×100%	2484.59	（安全文明施工费+临时设施费）×100%	2888.73	404.14	包含安全文明施工费及临时设施费
2.1.2	施工垃圾场外运输和消纳费	施工垃圾场外运输和消纳费×100%	177.47	施工垃圾场外运输和消纳费×100%	206.34	28.87	
2.2	单价措施	技术措施项目合计×100%		技术措施项目合计×100%			
3	其他项目	其他项目合计×100%		其他项目合计×100%			
3.1	暂列金额	暂列金额×100%		暂列金额×100%			
3.2	专业工程暂估价	专业工程暂估价×100%		专业工程暂估价×100%			
3.3	计日工	计日工×100%		计日工×100%			
3.4	总承包服务费	总承包服务费×100%		总承包服务费×100%			
4	规费	（社会保险费+住房公积金）×100%	4746.71	（社会保险费+住房公积金）×100%	5810.59	1063.88	
4.1	社会保险费	（分部分项人工费+技术措施项目人工费+组织措施项目人工费）×17.31%	3461.06	（分部分项人工费+技术措施项目人工费+组织措施项目人工费）×17.31%	4236.79	775.73	
4.2	住房公积金	（分部分项人工费+技术措施项目人工费+组织措施项目人工费）×6.43%	1285.65	（分部分项人工费+技术措施项目人工费+组织措施项目人工费）×6.43%	1573.8	288.15	
5	税金	（分部分项工程+措施项目+其他项目+规费）×10%	9954.61	（分部分项工程+措施项目+其他项目+规费）×10%	11414.12	1459.51	
6	工程造价	（分部分项工程+措施项目+其他项目+规费+税金）×100%	109500.68	（分部分项工程+措施项目+其他项目+规费+税金）×100%	125555.27	16054.59	

表4-9　单位工程审核明细表

工程名称：1号楼工程　　　　　　　　　　　　　　　　　　　　　　　　　　　　金额单位：元

序号	项目名称	送审		审定		增减金额	备注
		计算表达式	金额	计算表达式	金额		
1	分部分项工程	分部分项合计×100%	79193.89	分部分项合计×100%	91722.3	12528.41	
	弃土或渣土运输和消纳费		452.29		318.5	-133.79	
2	措施项目	措施项目合计×100%	5417.2	措施项目合计×100%	4586.02	-831.18	
2.1	总价措施	组织措施项目合计×100%	5417.2	组织措施项目合计×100%	4586.02	-831.18	
2.1.1	安全文明施工费	(安全文明施工费+临时设施费)×100%	2217.57	(安全文明施工费+临时设施费)×100%	2568.17	350.6	包含安全文明施工费及临时设施费
2.1.2	施工垃圾场外运输和消纳费	施工垃圾场外运输和消纳费×100%	158.39	施工垃圾场外运输和消纳费×100%	183.44	25.05	
2.2	单价措施	技术措施项目合计×100%		技术措施项目合计×100%			
3	其他项目	其他项目合计×100%		其他项目合计×100%			
3.1	暂列金额	暂列金额×100%		暂列金额×100%			
3.2	专业工程暂估价	专业工程暂估价×100%		专业工程暂估价×100%			
3.3	计日工	计日工×100%		计日工×100%			
3.4	总承包服务费	总承包服务费×100%		总承包服务费×100%			
4	规费	(社会保险费+住房公积金)×100%	4236.57	(社会保险费+住房公积金)×100%	5147.12	910.55	
4.1	社会保险费	(分部分项人工费+技术措施项目人工费+组织措施项目人工费)×17.31%	3089.09	(分部分项人工费+技术措施项目人工费+组织措施项目人工费)×17.31%	3753.02	663.93	
4.2	住房公积金	(分部分项人工费+技术措施项目人工费+组织措施项目人工费)×6.43%	1147.48	(分部分项人工费+技术措施项目人工费+组织措施项目人工费)×6.43%	1394.1	246.62	
5	税金	(分部分项工程+措施项目+其他项目+规费)×10%	8884.77	(分部分项工程+措施项目+其他项目+规费)×10%	10145.54	1260.77	
6	工程造价	(分部分项工程+措施项目+其他项目+规费+税金)×100%	97732.43	(分部分项工程+措施项目+其他项目+规费+税金)×100%	111600.98	13868.55	

表4-10 单位工程审核明细表

工程名称：配电室工程　　　　　　　　　　　　　　　　　　　　　　　　　　金额单位：元

序号	项目名称	送审		审定		增减金额	备注
		计算表达式	金额	计算表达式	金额		
1	分部分项工程	分部分项合计×100%	87478.7	分部分项合计×100%	91184.49	3705.79	
	弃土或渣土运输和消纳费		4301.52		3349.49	-952.03	
2	措施项目	措施项目合计×100%	14145.36	措施项目合计×100%	12193.56	-1951.8	
2.1	总价措施	组织措施项目合计×100%	5983.78	组织措施项目合计×100%	4559.31	-1424.47	
2.1.1	安全文明施工费	（安全文明施工费+临时设施费）×100%	2449.49	（安全文明施工费+临时设施费）×100%	2553.21	103.72	包含安全文明施工费及临时设施费
2.1.2	施工垃圾场外运输和消纳费	施工垃圾场外运输和消纳费×100%	174.97	施工垃圾场外运输和消纳费×100%	182.37	7.4	
2.2	单价措施	技术措施项目合计×100%	8161.58	技术措施项目合计×100%	7634.25	-527.33	
3	其他项目	其他项目合计×100%		其他项目合计×100%			
3.1	暂列金额	暂列金额×100%		暂列金额×100%			
3.2	专业工程暂估价	专业工程暂估价×100%		专业工程暂估价×100%			
3.3	计日工	计日工×100%		计日工×100%			
3.4	总承包服务费	总承包服务费×100%		总承包服务费×100%			
4	规费	（社会保险费+住房公积金）×100%	5039.92	（社会保险费+住房公积金）×100%	5645.48	605.56	
4.1	社会保险费	（分部分项人工费+技术措施项目人工费+组织措施项目人工费）×17.31%	3674.85	（分部分项人工费+技术措施项目人工费+组织措施项目人工费）×17.31%	4116.4	441.55	
4.2	住房公积金	（分部分项人工费+技术措施项目人工费+组织措施项目人工费）×6.43%	1365.07	（分部分项人工费+技术措施项目人工费+组织措施项目人工费）×6.43%	1529.08	164.01	
5	税金	（分部分项工程+措施项目+其他项目+规费）×10%	10666.4	（分部分项工程+措施项目+其他项目+规费）×10%	10902.35	235.95	
6	工程造价	（分部分项工程+措施项目+其他项目+规费+税金）×100%	117330.38	（分部分项工程+措施项目+其他项目+规费+税金）×100%	119925.88	2595.5	

表4-11　单位工程审核明细表

工程名称：大门口工程

金额单位：元

序号	项目名称	送审		审定		增减金额	备注
		计算表达式	金额	计算表达式	金额		
1	分部分项工程	分部分项合计×100%	5843.03	分部分项合计×100%	6488.47	645.44	
	弃土或渣土运输和消纳费		33.73		24.5	-9.23	
2	措施项目	措施项目合计×100%	12117.69	措施项目合计×100%	207.63	-11910.06	
2.1	总价措施	组织措施项目合计×100%	399.69	组织措施项目合计×100%	207.63	-192.06	
2.1.1	安全文明施工费	（安全文明施工费+临时设施费）×100%	163.61	（安全文明施工费+临时设施费）×100%	64.88	-98.73	包含安全文明施工费及临时设施费
2.1.2	施工垃圾场外运输和消纳费	施工垃圾场外运输和消纳费×100%	11.68	施工垃圾场外运输和消纳费×100%	12.98	1.3	
2.2	单价措施	技术措施项目合计×100%	11718	技术措施项目合计×100%		-11718	
3	其他项目	其他项目合计×100%		其他项目合计×100%			
3.1	暂列金额	暂列金额×100%		暂列金额×100%			
3.2	专业工程暂估价	专业工程暂估价×100%		专业工程暂估价×100%			
3.3	计日工	计日工×100%		计日工×100%			
3.4	总承包服务费	总承包服务费×100%		总承包服务费×100%			
4	规费	（社会保险费+住房公积金）×100%	904.47	（社会保险费+住房公积金）×100%	359.52	-544.95	
4.1	社会保险费	（分部分项人工费+技术措施项目人工费+组织措施项目人工费）×17.31%	659.49	（分部分项人工费+技术措施项目人工费+组织措施项目人工费）×17.31%	262.14	-397.35	
4.2	住房公积金	（分部分项人工费+技术措施项目人工费+组织措施项目人工费）×6.43%	244.98	（分部分项人工费+技术措施项目人工费+组织措施项目人工费）×6.43%	97.38	-147.6	
5	税金	（分部分项工程+措施项目+其他项目+规费）×10%	1886.52	（分部分项工程+措施项目+其他项目+规费）×10%	705.56	-1180.96	
6	工程造价	（分部分项工程+措施项目+其他项目+规费+税金）×100%	20751.71	（分部分项工程+措施项目+其他项目+规费+税金）×100%	7761.18	-12990.53	

金额单位：元

表4-12 单位工程审核明细表

工程名称：1号、2号、3号楼阳台加防水工程

序号	项目名称	送审		审定		增减金额	备注
		计算表达式	金额	计算表达式	金额		
1	分部分项工程	分部分项合计×100%	17184.02	分部分项合计×100%	21246.51	4062.49	
	弃土或渣土运输和消纳费		105.24		62.82	−42.42	
2	措施项目	措施项目合计×100%	1175.41	措施项目合计×100%	1062.3	−113.11	
2.1	总价措施	组织措施项目合计×100%	1175.41	组织措施项目合计×100%	1062.3	−113.11	
2.1.1	安全文明施工费	（安全文明施工费＋临时设施费）×100%	481.16	（安全文明施工费＋临时设施费）×100%	594.89	113.73	包含安全文明施工费及临时设施费
2.1.2	施工垃圾场外运输和消纳费	施工垃圾场外运输和消纳费×100%	34.37	施工垃圾场外运输和消纳费×100%	42.49	8.12	
2.2	单价措施	技术措施项目合计×100%		技术措施项目合计×100%			
3	其他项目	其他项目合计×100%		其他项目合计×100%			
3.1	暂列金额	暂列金额×100%		暂列金额×100%			
3.2	专业工程暂估价	专业工程暂估价×100%		专业工程暂估价×100%			
3.3	计日工	计日工×100%		计日工×100%			
3.4	总承包服务费	总承包服务费×100%		总承包服务费×100%			
4	规费	（社会保险费＋住房公积金）×100%	815.59	（社会保险费＋住房公积金）×100%	1197.05	381.46	
4.1	社会保险费	（分部分项人工费＋技术措施项目人工费＋组织措施项目人工费）×17.31%	594.69	（分部分项人工费＋技术措施项目人工费＋组织措施项目人工费）×17.31%	872.83	278.14	
4.2	住房公积金	（分部分项人工费＋技术措施项目人工费＋组织措施项目人工费）×6.43%	220.9	（分部分项人工费＋技术措施项目人工费＋组织措施项目人工费）×6.43%	324.22	103.32	
5	税金	（分部分项工程＋措施项目＋其他项目＋规费）×10%	1917.5	（分部分项工程＋措施项目＋其他项目＋规费）×10%	2350.59	433.09	
6	工程造价	（分部分项工程＋措施项目＋其他项目＋规费＋税金）×100%	21092.52	（分部分项工程＋措施项目＋其他项目＋规费＋税金）×100%	25856.45	4763.93	

表4-13 单位工程审核明细表

工程名称：平房管道沟新做　　　　　　　　　　　　　　　　金额单位：元

序号	项目名称	送审		审定		增减金额	备注
		计算表达式	金额	计算表达式	金额		
1	分部分项工程	分部分项合计×100%	30316.41	分部分项合计×100%	27109.62	-3206.79	
	弃土或渣土运输和消纳费		2148.47		1547.25	-601.22	
2	措施项目	措施项目合计×100%	1965.76	措施项目合计×100%	1294.48	-671.28	
2.1	总价措施	组织措施项目合计×100%	1965.76	组织措施项目合计×100%	1294.48	-671.28	
2.1.1	安全文明施工费	（安全文明施工费+临时设施费）×100%	804.71	（安全文明施工费+临时设施费）×100%	724.91	-79.8	包含安全文明施工费及临时设施费
2.1.2	施工垃圾场外运输和消纳费	施工垃圾场外运输和消纳费×100%	57.48	施工垃圾场外运输和消纳费×100%	51.78	-5.7	
2.2	单价措施	技术措施项目合计×100%		技术措施项目合计×100%			
3	其他项目	其他项目合计×100%		其他项目合计×100%			
3.1	暂列金额	暂列金额×100%		暂列金额×100%			
3.2	专业工程暂估价	专业工程暂估价×100%		专业工程暂估价×100%			
3.3	计日工	计日工×100%		计日工×100%			
3.4	总承包服务费	总承包服务费×100%		总承包服务费×100%			
4	规费	（社会保险费+住房公积金）×100%	2346.93	（社会保险费+住房公积金）×100%	2000.8	-346.13	
4.1	社会保险费	（分部分项人工费+技术措施项目人工费+组织措施项目人工费）×17.31%	1711.26	（分部分项人工费+技术措施项目人工费+组织措施项目人工费）×17.31%	1458.88	-252.38	
4.2	住房公积金	（分部分项人工费+技术措施项目人工费+组织措施项目人工费）×6.43%	635.67	（分部分项人工费+技术措施项目人工费+组织措施项目人工费）×6.43%	541.92	-93.75	
5	税金	（分部分项工程+措施项目+其他项目+规费）×10%	3462.91	（分部分项工程+措施项目+其他项目+规费）×10%	3040.49	-422.42	
6	工程造价	（分部分项工程+措施项目+其他项目+规费+税金）×100%	38092.01	（分部分项工程+措施项目+其他项目+规费+税金）×100%	33445.39	-4646.62	

表4-14 单位工程审核明细表

工程名称：围挡搭拆

金额单位：元

序号	项目名称	送审		审定		增减金额	备注
		计算表达式	金额	计算表达式	金额		
1	分部分项工程	分部分项合计×100%	30835.56	分部分项合计×100%	24314.9	-6520.66	
	弃土或渣土运输和消纳费						
2	措施项目	措施项目合计×100%	3031.14	措施项目合计×100%	1215.76	-1815.38	
2.1	总价措施	组织措施项目合计×100%	3031.14	组织措施项目合计×100%	1215.76	-1815.38	
2.1.1	安全文明施工费	(安全文明施工费+临时设施费) ×100%	863.4	(安全文明施工费+临时设施费) ×100%	680.82	-182.58	包含安全文明施工费及临时设施费
2.1.2	施工垃圾场外运输和消纳费	施工垃圾场外运输和消纳费×100%	61.67	施工垃圾场外运输和消纳费×100%	48.63	-13.04	
2.2	单价措施	技术措施项目合计×100%		技术措施项目合计×100%			
3	其他项目	其他项目合计×100%		其他项目合计×100%			
3.1	暂列金额	暂列金额×100%		暂列金额×100%			
3.2	专业工程暂估价	专业工程暂估价×100%		专业工程暂估价×100%			
3.3	计日工	计日工×100%		计日工×100%			
3.4	总承包服务费	总承包服务费×100%		总承包服务费×100%			
4	规费	(社会保险费+住房公积金) ×100%	2463.22	(社会保险费+住房公积金) ×100%	1698.64	-764.58	
4.1	社会保险费	(分部分项人工费+技术措施项目人工费+组织措施项目人工费) ×17.31%	1796.05	(分部分项人工费+技术措施项目人工费+组织措施项目人工费) ×17.31%	1238.56	-557.49	
4.2	住房公积金	(分部分项人工费+技术措施项目人工费+组织措施项目人工费) ×6.43%	667.17	(分部分项人工费+技术措施项目人工费+组织措施项目人工费) ×6.43%	460.08	-207.09	
5	税金	(分部分项工程+措施项目+其他项目+规费) ×10%	3632.99	(分部分项工程+措施项目+其他项目+规费) ×10%	2722.93	-910.06	
6	工程造价	(分部分项工程+措施项目+其他项目+规费+税金) ×100%	39962.91	(分部分项工程+措施项目+其他项目+规费+税金) ×100%	29952.23	-10010.68	

表 4-15 单位工程审核明细表

工程名称：给水管

金额单位：元

序号	项目名称	送审 计算表达式	金额	审定 计算表达式	金额	增减金额	备注
1	分部分项工程	分部分项合计×100%	4662.81	分部分项合计×100%	4386.48	-276.33	
	弃土或渣土运输和消纳费						
2	措施项目	措施项目合计×100%	598.51	措施项目合计×100%	435.32	-163.19	
2.1	总价措施	组织措施项目合计×100%	598.51	组织措施项目合计×100%	435.32	-163.19	
2.1.1	安全文明施工费	（安全文明施工费+临时设施费）×100%	294.07	（安全文明施工费+临时设施费）×100%	273.57	-20.5	包含安全文明施工费及临时设施费
2.1.2	施工垃圾场外运输和消纳费	施工垃圾场外运输和消纳费×100%	29.41	施工垃圾场外运输和消纳费×100%	27.37	-2.04	
2.2	单价措施	技术措施项目合计×100%		技术措施项目合计×100%			
3	其他项目	其他项目合计×100%		其他项目合计×100%			
3.1	暂列金额	暂列金额×100%		暂列金额×100%			
3.2	专业工程暂估价	专业工程暂估价×100%		专业工程暂估价×100%			
3.3	计日工	计日工×100%		计日工×100%			
3.4	总承包服务费	总承包服务费×100%		总承包服务费×100%			
4	规费	（社会保险费+住房公积金）×100%	710.85	（社会保险费+住房公积金）×100%	650.77	-60.08	
4.1	社会保险费	（分部分项人工费+技术措施项目人工费+组织措施项目人工费）×17.31%	518.32	（分部分项人工费+技术措施项目人工费+组织措施项目人工费）×17.31%	474.51	-43.81	
4.2	住房公积金	（分部分项人工费+技术措施项目人工费+组织措施项目人工费）×6.43%	192.53	（分部分项人工费+技术措施项目人工费+组织措施项目人工费）×6.43%	176.26	-16.27	
5	税金	（分部分项工程+措施项目+其他项目+规费）×10%	597.22	（分部分项工程+措施项目+其他项目+规费）×10%	547.26	-49.96	
6	工程造价	（分部分项工程+措施项目+其他项目+规费+税金）×100%	6569.39	（分部分项工程+措施项目+其他项目+规费+税金）×100%	6019.83	-549.56	

备注：2号楼配电工程、3号楼工程、1号楼工程、配电室工程等未列示分部分项工程审核明细表、措施项目审核明细表、人材机审核明细表。

7. 经验分析

该项目是某事业单位小型修缮项目的工程结算审核。很多单位的修缮项目建设项目金额不大，往往忽略了结算审核工作，以不突破合同价为依据进行结算。但是这种做法不符合《建设工程价款结算暂行办法》有关规定，也存在施工单位虚报工程量套取建设资金的风险。

某事业单位学生公寓楼修缮项目结算审核的经验启示如下：

第一，该单位按照建设项目结算必审的原则，无论建设项目大小，只要涉及工程竣工结算，全部委托有资质的第三方进行审核。

第二，加强对第三方机构工程结算审核工作的指导，明确第三方审核机构的工作职责，要求第三方机构对委托单位的结算审核工作负全责。

第三，派工作人员与第三方机构深入施工现场，对工程量进行现场核实，调解第三方审核机构与施工单位在工程结算上的争议。

第四，对第三方审核机构提出的工程量、价格审增、价格审减进行把关、确认。

（二）案例二：建设项目合同纠纷

某行政单位（文物）修缮项目的合同纠纷。

1. 项目基本情况

某行政单位文物修缮工程。

地点：（略）。

建筑面积：约 10000 平方米。

施工单位：某文物建筑设计工程公司。

监理单位：某工程咨询公司。

结算审计单位：某工程造价咨询有限公司。

专项审计单位：某工程咨询有限公司。

资金来源：全额财政拨款（中央预算投资）。

批复概算：1420 万元。

施工单位中标价：996 万元。

2. 专项审计范围及内容

本次审计范围为全部文物修缮工程。

招标情况：招标资料完整、图纸齐全，招标图示工程量为估算量，其中中标标底价为998万元，栏标价（标底上浮3%）为1028万元，中标单位为某文物建筑设计公司，中标价为996万元。

合同情况：初始为固定价格合同，合同价996万元，补充协议改为固定单价合同。

工程结算情况：根据项目结算审核单位（某工程造价咨询有限公司）出具的结算报告，一份合同内结算部分，送审金额为1767万元，审定金额为916万元，审减金额为851万元；一份为合同外变更洽商内容部分，送审金额为466万元，审定金额为319万元，审减金额为147万元。结算报告明确说明，变更签证未按合同约定在完善施工过程中办理签认手续，建设单位基建处未对此部分内容进行认可，无签字盖章。

3. 审计发现问题

本次专项审计主要对该修缮项目的招标资料、合同文本、工程变更洽商资料、结算资料等进行有针对性的核查，核查情况如下：

一是概算资金使用情况。

资料管理不严、批复概算明细表缺失属重大材料缺失。由于建设项目的前期部门不能提供该资料，审计部门无法对项目资金的使用情况进行评价。

二是招标与合同情况。

招标登记表存在代签现象。专项审计人员在资格预审资料、招标评审报告检查中发现，在某工程管理有限公司出具的《资格预审评审报告》中，某工程管理有限公司、某文物古建工程有限公司签字人李某签名在三份表格中的笔迹完全不同。在某工程管理有限公司出具的《评标报告》中，《招标文件领取登记表》《补充招标文件及答疑文件领取登记表》中某文物古建工程有限公司的签字人李某的签字与《招标文件登记表》《开标会议签到表》《授权委托书》中的字迹相比，笔迹完全不同。

合同存在履约风险。首先合同内工程量为估算工程量，初始合同为固定价格合同，易导致工程失控，易产生履约风险。签订的补充协议又约定本工程合同为固定单价合同，与初始合同相互矛盾。

三是结算审核情况。

在某工程造价咨询有限公司出具的报告中，送审金额与审减金额错误易造成造价咨询单位重复计费。造价咨询单位出具的第一份设计报告《某事业单位文物修缮工程结算审核报告》中的送审金额为1767万元，审定金额为916万元，审减金额为851万元；增项（合同外变更签证内容）全部扣除。但在第二份《某事业单位文物修缮工程变更洽商结算审核报告》中，此部分增项内容作为变更签证进行了审计。

对于工程变更签证手续和工程量确认资料缺失，依据合同第47条的补充条款"本合同为固定单价合同"，如遇到超出原设计图纸范围及工程量清单项目及数量的工程，经甲方、设计、监理及文物主管部门批准后办理相应工程洽商，计入工程结算。最终结算以工程实际情况为依据进行增减。施工单位送审变更的洽商金额约为446万元，仅依据2016年10月15日出具的两份编号为01-01-C2-001和03-01-02-001的工程变更洽商记录，其涉及的内容基本为增加工程量。但由于施工单位在工程施工期间未办理任何工程变更洽商手续及工程量确认单，所以这部分增加的工程量难以确认。

4. 专项审计意见

一是施工单位存在合同违约，导致合同内工程量和合同外工程量无法进行确认，要求施工单位进一步完成合同内工程量的竣工图编制和合同外工程量的确认。

二是基建处在工程管理、合同管理、资料管理上存在疏漏，导致出现工程合同履约风险，要求基建部门加强工程管理、合同管理和资料管理。

5. 案例分析

本案例是中央预算投资的小型建设（修缮）项目，对行政事业单位基本建设财务管理具有典型的借鉴意义。

本案例的主要风险点为：

一是财务管理缺失。在本案例中，财务部门仅支付工程款，均未参与项目过程管理。

二是项目招投标环节操作不规范。某工程管理有限公司作为招标代理单位，在其出具的《资格预审评审报告》《评标报告》中，某文物古建工程有限公司的招标文件的领取签字与授权委托书上的笔迹不同，说明确实存在代签现象，招标代理单位未尽到现场核实义务。

三是合同管理风险。其一，合同内工程量为估算工程量，初始合同为固定价格合同。固定价格合同主要是根据图纸、招标文件、技术资料等固定总价，当施工过程中发生变更，要按规定调整造价。否则，容易导致工程失控，造成履约风险。其二，工程管理混乱。施工单位结算资料中的变更签证手续和工程量确认资料缺失。施工单位在工程施工期间，未办理任何工程变更洽商手续及工程量确认单，增加的工程量难以确认。监理公司未履职尽责。该项目聘请了监理单位，监理单位应加强现场施工管理和签证管理，监督施工方根据图纸施工，严格控制项目建设中发生的变更洽商情况，对于材料替代、增加工程量导致的建设成本增加问题，无特殊情况不得进行设计更改。监理单位应定期组织召开监理例会，解决建设单位提出的相关问题，涉及设计变更的需要设计单位、建设单位、监理单位、承建单位四方签字确认，否则，不可作为增加建设成本的依据。从上述情况来看，监理单位在项目施工过程中未起到监理作用。建设单位的工程代表未能有效发挥作用。建设单位的现场代表要督促施工方做好各种记录，特别是隐蔽工程记录和签证工作。由于隐蔽工程占工程造价的比重较大，建成后基础以下部分不能看到，如缺乏完备的现场签证手续，势必增加工程结算难度。另外，文物修缮工程具有修旧如旧的特点，如果不做好现场签证工作，后期无法对新增工作量进行复核确认，会增加结算难度。其三，某行政单位对合同订立执行监管不到位。建设单位应加强对合同签订的审核，对合同履行情况进行有效监控。建立合同履行监督审查制度，在合同履行过程中，因对方或单位自身原因导致可能无法按时履行合同的，应当及时采取应对措施。

该案例为建设单位对合同的订立及执行未尽到审查责任，一项工程签订了不同定价的合同。

四是项目概算审批不规范，资料管理不当。本案例中的基建处作为负责项目前期工作的部门，未编制批复概算明细表，造成重大材料缺失，致使审计部门无法对项目资金使用情况进行评价。建设项目小于3000万元的工程，一般由主管部门进行批复。基建处作为项目前期部门，对于项目申报程序、所需提供的资料，在知情的情况下简化了工作程序，造成了项目概算审批不规范问题，导致专项审计公司无法对项目资金的使用情况发表意见。

五是内控制度缺失。该项目为主管部门自行批复、自行组织招投标、自行组织施工管理的项目，未对不相容岗位进行划分。基建处既负责该行政系统申请中央预算投资基本建设项目的申报，又负责本系统低于3000万元项目的审批工作。该项目为该行政单位的本级项目，基建处履行多种职责，不能形成相互制约的工作机制，一人说了算，这是产生纠纷的重要原因。

（三）案例三：某研究所科研楼竣工结算审核问题处理

1. 项目基本情况

某研究所的科研楼总建筑面积34000平方米；地上7层，共20000平方米；地下3层，共14000平方米；合同价14260.5万元。工程暂估项为幕墙工程、电梯工程、消防工程、精装修工程、弱电工程、配电室设备安装工程、通风空调工程等。

工程建设单位为某研究所，设计单位为某国际工程公司，监理单位为某建设监理有限公司，招标代理单位为某招标有限公司，总承包单位为某城建集团有限责任公司第一分公司，合同开工日期为2010年9月15日，合同竣工日期为2012年8月12日。某工程咨询有限公司为该科研楼项目的跟踪审计单位。

因工程持续时间较长，建设单位主管本工程的人员变动，主管本工程的基建处处长在主体工程竣工后调离，主管本工程的副所长在工程结算没完成时就退休了。在施工过程中，建设单位现场代表在工程尚未结束时突发意外去世。因人员变动大，结算争议不能解决，工程结算进展缓慢。

2. 结算审核情况

某工程咨询有限公司为该建设项目的跟踪审计单位，并派专项审计小组负责该项目的结算审计。2015年5月，已完成对科研楼项目的初审；2016年11月，结算总金额为18053.71万元，审减金额为6821.55万元。由于审减金额较大，施工单位与建设单位就工程结算问题产生争议。

3. 存在的问题

自2016年12月底开始，专项审计小组收到建设单位交接的结算资料，对建设单位移交的结算资料进行梳理，对接收的结算资料进行审核，发现工程结算资料存在较大的问题，主要表现为以下两方面：

一是个别分项工程需要签订的合同或协议没有签订。原合同中暂估价的精装修工程（暂估金额约2000万元）没有进行招标，直接由总承包单位进行施工，但未签订合同或补充协议，导致结算编制和审核没有依据。2015年4月，审计小组将此情况形成文字材料与建设单位汇报沟通，建设单位相关工作人员以原经办人已经离开为由，不予补签施工合同和结算资料，导致争议时间较长。

二是部分需要建设单位确认的单价没有价格确认单。在工程施工过程中，部分需要建设单位确认单价的材料没有价格确认单，如合同中的暂估价材料配电箱。在科研楼工程中，配电箱属于暂估价设备，暂估金额为150万元，进行了公开招标，但图纸中标注为需深化设计后增加的配电箱及元器件未进行招标。由于建设单位不补签施工过程资料，审计人员只得将没有确认的配电箱价格暂时按零计价，造成了结算争议，结算进展缓慢。

4. 问题处理

（1）关于精装修工程。

原合同中暂估价的精装修工程（暂估金额约2000万元）没有进行招标，直接由总承包单位进行施工。跟踪审计单位在跟踪审计中发现问题以后，与建设单位进行沟通并形成书面材料，于2012年8月9日报建设单位，提示合同中暂估价精装修工程需要进行招标。2012年11月13日，研究所主管本工程的领导主持召开精装修工程未招标问题处理会议，会上相关人员对该精装修工程没有经过招标由总承包单位进行施工的原因进行了说明，并明确了该问题的解决方案。

一是补签补充协议。

二是装修主材价格的确认，由研究所与总承包单位组成招标小组，严格按照招标程序进行，以招标材料价格确认单为依据。

三是安装费按照《2008清单计价规范》及相关造价文件确认，辅材和人工费按照北京市2012年的《北京工程造价信息》执行，人工费按照当期造价的均价确定。

四是工程量的确认以实际情况为依据。会上主管工程的领导表示，由招标代理公司帮助拟定协议，建设单位审核。2013年4月，建设单位基建处给审计小组发来装修工程补充协议初稿，明确精装修工程计价原则：精装修工程的工程量按照《建设工程工程量清单计价规范》（GB50500—2008）及施工图纸计算，并对精装修工程组价的人工费、主要材料、人材机消耗、安全文明施工等规费及费率进行了明确。

审计小组接到资料后，及时予以反馈，于2013年4月10日针对补充协议内容提出咨询建议：本工程没有经过公开招标，施工单位没有经过市场竞争便取得合同标的物建设，建安工程的取费费率可适当让利，具体折扣系数需要建设单位与施工单位协商，并在协议前明确；在签订协议前，措施费需要明确，以免结算时引起争议。

精装修工程结算按照2012年11月13日会议纪要确定：装修主材价格以招标结果为依据；安装费按照《2008清单计价规范》及相关造价文件确认，辅材和人工费按照北京市2012年的《背景工程造价信息》执行，人工费按照当期造价的均价确定；工程量的确认以实际图纸为依据。会议纪要没有明确的企业管理费、利润、规费等费率执行原总承包单位的工程投标费率；措施费只计取了安全文明施工费和可计量措施费。

（2）需要建设单位确认的单价没有价格确认单问题。

在送审结算材料中，许多材料和设备建设单位没有价格确认单，部分需要确认单价的材料没有价格确认单，如合同中的暂估价材料配电箱。

在研究所科研楼的施工过程中，配电箱属于暂估价格，暂估金额约150万元，进行了公开招标，图纸中标注为深化设计后增加的配电箱及元器件没有进行招标。在初审结算审核中，为了督促施工单位完善结算资料，审计小组最终确定：新增加配电箱内的元器件价格参考主楼内已招标配电箱元器件的价格；对于已招标的配电箱中没有的元器件，按照市场价和元器件厂家发布价格的65%计入结算。

5. 案例分析

虽然该项目在审计小组的协调下完成了工程价款的结算，但是也不难看出，上述工程管理过程存在问题及风险。

一是在工程管理过程中科研楼精装修工程应招标未进行招标，也未签订补充协议。一方面不符合招投标相关的政策；另一方面按照暂估价交由总承包单位进行精装修，可能造成暂估价超出工程实际造价的风险。

二是建设单位主管本工程的人员发生变动，主管本工程的基建处处长在主体工程竣工后调离，主管本工程的副所长在工程结算没完成时就退休了。在施工过程中，建设单位现场代表在工程尚未结束时突发意外去世，工程人员变动大。《基本建设项目竣工财务决算管理暂行办法》（财建〔2016〕503号）第三条明确规定：项目竣工决算未经审核前，项目建设单位一般不得撤销，项目负责人及财务主管人员、重大项目的相关工程技术主管人员、概（预）算主管人员一般不得调离。该研究所人员变动不符合《基本建设项目竣工财务决算管理暂行办法》规定，为该项目工程价款结算带来困难，同时存在不能按期办理建设项目竣工财务决算的风险。

三是该项目的跟踪审计单位对发现的问题及时提出建设性意见，为后期专项审计小组处理工程价款结算纠纷提供依据。研究所作为建设单位，担负对建设项目全过程管理的主体责任，对于建设过程中存在的问题应参考跟踪审计单位的意见及时处理问题，避免工程项目价款结算法律纠纷风险。重大工程项目聘请跟踪审计单位的做法值得其他建设单位借鉴。

（四）案例四：某医院基本建设竣工财务决算编制情况

1. 项目概况

项目名称：某医院门诊楼及外科楼改扩建工程。

立项批复情况：2005年获得立项批复。

初步设计批复：2007年获得初步设计批复。

初步设计和投资概算调整：2008年、2010年、2011年、2016年分别对初步设计和投资概算进行调整。

投资计划：批复总投资336854万元。

（1）2007年获得批复概算224739万元人民币（其中，征地拆迁费用75042万元），地方政府安排13632万元，单位安排自有资金20000万元，中央预算内投资191107万元。工程如有超支，超支部分由单位自有资金解决。

（2）2008年获得批复，增加拆迁投资47000万元，均为中央预算内投资。

（3）2009年获得同意，该项目涉及的拆迁区域拆迁结算费用为11785万元，地方政府固定资产投资安排 5179 万元，其余资金由该地区返还地价款解决。

（4）2010 年 7 月获得同意，将某医院门诊楼及外科楼门诊大厅高度由三层增至八层，并将自动扶梯延伸至八层，连接门诊楼和外科楼间的医疗街等，调整后增加的投资由单位自筹解决。

（5）2016 年 8 月获得批复概算总投资由 271739 万元调整为 336854 万元，增加 65115 万元，调整后增加的投资全部由单位自行筹措解决。

建设单位：某医院。

建设地址：某医院本部现有土地和新征用地。

建设内容：改扩建门诊楼、外科楼及附属配套设施，原批复总建筑面积 221915 平方米，其中，一期工程 113162 平方米，主要建设门诊楼；二期工程 108753 平方米，主要建设外科楼。

2016 年，调概后批复的建筑面积由 221915 平方米调整为 224382 平方米，增加 2467 平方米。

建设期限：2008 年 10 月至 2013 年 7 月。

勘察、设计单位：

地质勘察单位为某勘察设计研究院有限公司。

施工图设计单位为某国际工程设计研究院。

监理单位：

一期工程监理单位为某工程管理有限公司。

二期工程监理单位为某工程建设监理公司。

主要施工单位：

一期工程施工单位为某建工集团有限责任公司。

二期工程施工单位为某建筑（集团）有限公司。

工程造价审核单位：

一期工程造价审核单位为某工程咨询有限责任公司。

二期工程造价审核单位为某工程造价咨询有限公司。

2. 会计账务处理、财产物资清理及债权债务的清偿情况

本单位根据《基本建设财务规则》（中华人民共和国财政部令第 81 号）及《国有建设单位会计制度》的相关规定对项目进行核算；严格按照批复的概算内

容独立设账；进行会计核算，并及时提供合法、真实、准确、完整的会计信息，做到账账、账证、账产、账表相符。

会计及工程档案按照档案管理的要求整理成卷，装订成册，及时移交档案部门。

在竣工决算过程中对项目建成的房屋建筑物、设备等实物资产进行盘点，并根据实际盘点情况编制相应的财产物资清册。

截至 2018 年 12 月 31 日，该项目尚有应付款 1137.63 万元，其中，一期总包工程质保金 199.24 万元，二期总包工程质保金 200 万元，一期总包监理费 172.23 万元，二期总包监理费 213.47 万元，拆迁补偿款 224.58 万元，拆迁服务费 91.70 万元，调概咨询费 22.88 万元，DN200 上水工程款 11.74 万元、天然气工程款 1.79 万元。

3. 项目建设资金计划及到位情况，财政资金支出预算、投资计划及到位情况

该项目批复的概算总投资额 336854 万元，其中，中央预算内投资 238107 万元，政府拨款 11785 万元，单位自有资金 86962 万元。

截至 2018 年 12 月 31 日，建设资金 332322.36 万元，包括：

中央预算内投资 238107 万元，其中，2006 年 57660 万元，2008 年 72000 万元，2009 年 40000 万元，2010 年 40000 万元，2011 年 28447 万元，所有资金已全部到位。

政府拨款 11785 万元，其中，2009 年 5179 万元，2010 年 6538.89 万元，2011 年 67.11 万元，所有资金已全部到位。

单位自有资金 82430.36 万元，在项目建设过程中根据实际投资需要，资金逐步到位。

4. 项目建设资金使用、项目结余资金分配情况

截至 2018 年 12 月 31 日，项目实际投资额 332322.36 万元，已付 331184.73 万元，应付未付款 1137.63 万元。项目竣工后共计形成交付使用资产 332322.36 万元，其中，建筑物及构筑物 324150.79 万元、设备 8171.57 万元。交付使用时，将待摊投资分摊计入建筑物及构筑物和设备中。

截至 2018 年 12 月 31 日，该项目实际资金需求 332322.36 万元，无结余资金。

5. 项目概（预）算执行情况及分析，竣工实际完成投资与概算差异及原因分析

某医院门诊楼及外科楼改扩建工程核定总概算 336854 万元，工程决算332322.36 万元，工程投资结余 4531.64 万元（见表4-16）。

表 4-16 项目概（预）算情况   单位：万元

项目	计划投资	实际投资	实际完成增减额	超支（节约）比例（%）
工程费用	179317.22	178601.14	-716.08	-0.40
一、主体建安工程费用	173874.01	173242.35	-631.66	-0.36
（一）一期门诊楼	86764.86	86018.60	-746.26	-0.86
1. 土建工程	53575.88	53930.34	354.46	0.66
2. 给排水及消防工程	4349.81	4292.62	-57.19	-1.31
3. 采暖及通风空调工程	9724.03	9441.79	-282.24	-2.90
4. 电气工程	6923.57	6686.52	-237.05	-3.42
5. 弱电工程	5395.57	5166.09	-229.48	-4.25
6. 电梯工程	2164.09	2363.31	199.22	9.21
7. 动力管道工程	123.71	123.71	0	0
8. 医疗气体管道	759.90	759.90	0	0
9. 污水处理工程	220.48	220.48	0	0
10. 医疗信息系统	996.58	199.32	-797.26	-80.00
11. 机械停车设备	697.43	661.45	-35.98	-5.16
12. 特殊狭窄地区施工措施费	801.56	1157.94	356.38	44.46
13. 原概算未考虑部分	1032.25	1015.13	-17.12	-1.66
（二）二期外科楼	87109.15	87223.75	114.60	0.13
1. 土建工程	58003.89	58451.87	447.89	0.77
2. 给排水及消防工程	3183.15	3213.73	30.58	0.96
3. 采暖及通风空调工程	8284.17	8331.74	47.57	0.57
4. 电气工程	6470.03	6461.18	-8.85	-0.14
5. 弱电工程	4284.36	4260.79	-23.57	-0.55
6. 电梯工程	2118.24	2195.13	76.89	3.63
7. 动力管道工程	35.05	35.81	0.76	2.17
8. 医疗气体管道工程	790.31	790.31	0	0
9. 医疗信息系统	162.23	32.45	-129.78	-80.00
10. 机械停车设备	1112.53	1112.53	0	0
11. 特殊狭窄地区施工措施费	1366.60	1040.38	-326.22	-23.87

续表

项目	计划投资	实际投资	实际完成增减额	超支（节约）比例（％）
12. 原概算未考虑部分	1298.59	1297.83	-0.76	-0.06
二、区域工程	5443.21	5358.79	-84.42	-1.55
1. 室外管网	419.44	418.56	-0.88	-0.21
2. 强电电源工程	2784.42	2784.42	0	0
3. 室外照明	401.40	387.99	-13.41	-3.34
4. 室外道路	1261.40	1186.31	-75.09	-5.95
5. 室外园林绿化	397.55	402.51	4.96	1.25
6. 移树	179.00	179.00	0	0
三、其他费用	157536.78	153721.22	3815.56	2.42
1. 建设单位管理费	270.53	266.63	-3.90	-1.44
2. 建设项目前期工程费	272.81	290.53	17.72	6.50
3. 施工图审查费	71.83	71.83	0	0
4. 工程项目勘察费	78.08	78.08	0	0
5. 工程项目设计费	3123.15	3044.36	-78.79	-2.52
6. 工程招标代理服务费	173.53	175.91	2.38	1.37
7. 城市市政建设配套费	4438.30	4438.30	0	0
8. 工程建设监理费	2186.55	2187.81	1.26	0.06
9. 施工人身保险费	28.35	28.35	0	0
10. 竣工图编制费	71.53	71.53	0	0
11. 环境评估费	166.30	166.30	0	0
12. 交通影响评价费	50.00	50.00	0	0
13. 卫生安全评估费	10.80	10.80	0	0
14. 地震安全性能评价费	18.50	18.50	0	0
15. 咨询服务费、其他费	213.27	229.77	16.50	7.74
16. 临厕租赁费和项目竣工后发生的成品保护费及现场清洁费用	282.12	294.15	12.03	4.26
17. 拆迁费	140324.26	136767.59	-3556.67	-2.53
18. 市政工程	1339.89	1339.89	0	0
19. 地铁通道	4416.98	4190.89	-226.09	-5.12
合计	336854.00	332322.36	-4531.64	-1.35

概算执行主要情况分析：

（1）实际投资比概算总投资减少的主要原因。

在项目建设过程中，根据实际情况对工程量及材料设备型号的调整，建设期内材料设备市场价格的波动，以及施工方案的优化等原因，使工程投资结余；同时，在工程管理中不断完善合同管理制度及费用变更制度，加强全过程造价控制，缩减窝工、闲置等造成的资源浪费，努力控制投资成本。

由于拆迁工作细致、到位，原估算的可能增加的拆迁补偿费均未支付，拆迁费得到大幅节约。

（2）工程支出与对应概算存在差异的主要原因。

一是一期门诊楼调整概算批复86764.86万元，结算金额86018.60万元，节约投资746.26万元。投资金额减少的主要原因为，在一期门诊楼建设过程中，成本控制的加强、设计方案的细化及人工材料机械等市场价格的波动导致成本减少。

二是二期外科楼调整概算批复87109.15万元，结算金额87223.75万元，增加投资114.60万元。其主要原因为，在二期外科楼建设工程中，部分人工材料价格上涨，导致成本增加。

三是拆迁费节约3556.67万元，由于拆迁工作细致、到位，原估算的可能增加的拆迁补偿费均未支付，拆迁费得到大幅节约。

四是地铁通道节约226.09万元，主要原因为砌块价格调整。

6. 尾工及预留费用情况

无。

7. 历次审计、检查、审核、稽查意见及整改落实情况

无。

8. 项目验收情况

（1）某医院门诊楼及外科楼改扩建一期工程于2008年10月开工，于2013年7月完工并办理了竣工验收。

（2）某医院门诊楼及外科楼改扩建二期工程于2009年6月开工，于2013年7月完工并办理了竣工验收。

（3）截至2018年12月31日，该工程完成以下建设内容：

一期工程完成门诊楼及附属用房建设，地上11层、地下3层，建筑面积113436.56平方米，安装47部电梯（含扶梯）。

二期工程完成外科楼及附属用房建设，地上11层、地下3层，建筑面积

110945.40 平方米，安装 35 部电梯。

配套建设了室外水电气、照明，室外道路及广场、室外园林绿化等区域工程，市政工程，地铁通道。

9. 项目建设管理制度执行情况、政府采购情况、合同履行情况

（1）项目建设管理制度执行情况。

本单位在项目实施管理过程中，从执行基建程序及管理、执行招投标管理、项目合同、资金管理、项目工程管理及廉政建设等方面制定了相应的管理制度，完善了监督制约机制，形成了领导班子决策层、中层人员管理层、基建办公室及项目实施人员协作管理机制，明确了各层级的职责和权限。在项目实施过程中，严格执行政府以及单位制定的基本建设管理规定和办法，严格执行基本建设管理程序。未发生违背基本建设管理程序的问题；努力保证其质量、进度、费用的严格合理控制、合同的严格有序管理；未发生任何工程质量和安全事故；所有参与建设项目管理的工作人员无违法违纪行为。

（2）招投标及政府采购情况。

项目建设过程涉及总包工程、分包工程、消防工程、设计、监理等单位及主要材料设备供应商等共 39 个，均采取公开招标的方式进行。

（3）主要合同履行情况。

本项目根据批复内容共签订主要合同 44 份，合同金额 209911.01 万元，截至 2018 年 12 月 31 日，所签订的所有合同均已完成建设内容，资产也已交付验收。

10. 征地拆迁补偿情况、移民安置情况

（1）土地征用情况。

2005 年 9 月，政府批复同意某医院门诊楼、外科楼改扩建项目建设，使用国有土地 97304.892 平方米（其中，建设用地 89572.975 平方米，代征城市道路用地 7731.917 平方米）。

2007 年 9 月，政府批复同意某医院因进行门诊楼及外科楼改扩建工程建设继续使用上述国有土地。本批复有效期为 1 年。

2008 年 8 月，政府批复同意将该项目国有建设用地的批复有效期延长至 2009 年 9 月。

2011 年 10 月，政府批复同意某医院因进行门诊楼及外科楼项目建设继续使用上述国有土地；依法收回该项目用地范围内原产权人的国有土地使用权，待项目用地拆迁完成后，按拨付方式办理该项目的用地手续。

（2）拆迁费支付情况。

该项目批复拆迁费 140324.26 万元，拆迁工作已全部完成，拆迁费共支出 136767.59 万元，包括存在拆迁补偿争议、暂估记入且尚未支付的拆迁补偿费 94.58 万元。

（3）其他情况说明。

本项目建设用地尚未取得土地使用权证，建设完工形成的房屋（包括门诊楼和外科楼）尚未取得房屋产权证书，相关手续正在办理中。

拆迁费包含了存在拆迁补偿争议、暂估计入且尚未支付的拆迁补偿费 94.58 万元，待最终支付时据实调整。

11. 竣工决算编制方法的说明

（1）项目建设程序、组织管理情况。

一是该项目建设按规定程序和权限进行报批，审批文件齐全。

二是该项目由某医院基建管理部门负责组织建设并实施造价控制。

三是医院已按《中华人民共和国招标投标法》、《中华人民共和国政府采购法》及国家发展和改革委员会关于该项目的批复要求，通过招标确定了主要施工及监理单位，招标采购审批手续齐全。

四是在项目建设过程中建立了相关的合同管理制度，均与设计、监理、施工、采购等项目参与方按照批复的建设内容签订了合同（协议），且履行到位。

五是内控制度建立及执行情况。内控制度健全。医院建立项目管理决策机制，形成领导班子决策层、中层人员管理层、基建办公室及项目实施人员协作管理机制，明确各层级的职责和权限。制度执行规范。该医院在项目实施管理中严格执行基建程序及管理、招投标管理、项目合同、资金管理、项目工程管理等方面的管理制度。强化监督制约机制，加强廉政建设。在项目实施过程中，相关部门按照职责分工，严格执行基本建设管理程序及国家基本建设管理规定和办法，形成相互制约的监督机制。项目从立项到竣工验收历时五年多，未发生违背基本建设管理程序的问题。

六是成本控制情况。医院基建工程管理部门在保证工程质量和进度的同时，严格控制建设成本，成本控制合理有效，合同的执行严格有序，未发生任何工程质量和安全事故；所有参与建设项目管理的工作人员无违法违纪行为。

（2）设备明细表根据单项工程结算审核报告书及现场盘点情况汇总编制而成，设备价值及安装费（未分摊待摊投资前）以最终结算金额为准。

（3）设备费及设备安装费的确认原则。

第一，对于甲供设备，以建设单位与供货单位签订的采购合同中的设备价值为设备费；以建设单位与设备安装施工单位签订的安装施工合同中的安装费为设备安装费。

第二，对于总承包施工单位采购的设备及其安装费，确认原则要求设备费在设备采购价格的基础上计取承包方的利润和应缴纳的税金；设备安装费计取承包方的企业管理费、利润和应缴纳的税金。

（4）待摊投资的分摊计算。

能直接计入单项工程或设备的直接计入，无法直接计入的金额分摊计入。

分摊基数：建筑安装工程投资与需要安装的设备投资的总和。

建筑工程、安装工程、需要安装设备应分摊待摊投资的计算公式分别为：

建筑工程应分摊的待摊投资＝单个建筑工程金额/（建筑安装工程投资+需要安装的设备投资）×待摊投资金额

安装工程应分摊的待摊投资＝单个设备的安装费/（建筑安装工程投资+需要安装的设备投资）×待摊投资金额

需要安装设备应分摊的待摊投资＝单个设备费/（建筑安装工程投资+需要安装的设备投资）×待摊投资金额

项目详情如表4-17至表4-25所示。

表 4-17 项目竣工财务决算报表——项目概况表

建设项目（单项工程）名称	某医院门诊楼及外科楼改扩建工程		建设地址	某医院院本部北侧医院现有土地和新征用地			
主要设计单位	某国际工程设计研究院		主要施工企业	某建工集团有限责任公司（集团）某建筑第一局有限公司（集团）有限公司			
占地面积（平方米）	设计 336854.0	实际 332322.36	总投资（万元）				
新增生产能力（效益）名称	设计	实际					
建设起止时间	设计 2005年1月至2010年12月						
	实际 2008年10月至2013年7月						
概算批准部门及文号	国家发展和改革委员会（发改投资〔2007〕×××号、发改办投资〔2010〕×××号），发改地政府（京发改〔2009〕×××号），原国家卫生和计划生育委员会（国卫规划函〔2016〕×××号）属						

		项目	概算批准金额	实际完成金额	备注
基建支出		建筑安装工程	1771231725.00	1764166578.36	
		设备、工具、器具投资	79509175.00	77152553.47	
		待摊投资	1517799100.00	1481904437.58	
		其中：项目建设管理费	2705300.00	2666310.28	
		其他投资			
		待核销基建支出			
		转出投资			
		合计	3368540000.00	3323223569.41	

设备（台、套、吨）		
设计		实际

建设规模	设计	实际
	总建筑面积 224382 平方米，主要包括门诊楼、外科楼及附属配套设施	竣工面积 224382 平方米，建设完成门诊楼、外科楼及附属配套设施

完成主要工程量	单项工程项目、内容	批准概算	已完成投资额	预计未完成部分投资额	预计完成时间
尾工工程	无				
	小计				

表 4-18　项目竣工财务决算报表——项目竣工财务决算表

项目名称：某医院门诊楼及外科楼改扩建工程　　　　　　　　　　　　　　　　单位：元

资金来源	金额	资金占用	金额
一、基建拨款	2498920000	一、基本建设支出	3323223569.41
1. 中央财政资金	2381070000	（一）交付使用资产	3323223569.41
一般公共预算资金		1. 固定资产	3323223569.41
中央基建投资	2381070000	2. 流动资产	—
财政专项资金		3. 无形资产	—
政府性基金		（二）在建工程	—
国有资本经营预算安排的基建项目资金		1. 建筑安装工程投资	
2. 地方财政资金	117850000	2. 设备投资	
一般公共预算资金	—	3. 待摊投资	
地方基建投资	51790000	4. 其他投资	
财政专项资金	66060000	（三）待核销基建支出	
政府性基金		（四）转出投资	
国有资本经营预算安排的基建项目资金		二、货币资金合计	11376280.82
二、部门自筹资金（非负债性资金）	824303569.41	银行存款	
三、项目资本		财政应返还额度	
1. 国家资本		其中：直接支付	
2. 法人资本		授权支付	
3. 个人资本		现金	
4. 外商资本		有价证券	
四、项目资本公积		三、预付及应收款合计	
五、基建借款		1. 预付备料款	
企业债券资金		2. 预付工程款	
六、待冲基建支出		3. 预付设备款	
七、应付款合计	11376280.82	4. 应收票据	
1. 应付工程款	4010291.98	5. 其他应收款	
2. 应付设备款		四、固定资产合计	
3. 应付票据		固定资产原价	
4. 应付工资及福利费		减：累计折旧	
5. 其他应付款	7365988.84	固定资产净值	
八、未交款合计		固定资产清理	
1. 未交税金		待处理固定资产损失	
2. 未交结余财政资金			
3. 未交基建收入			

资金来源	金额	资金占用	金额
4. 其他未交款			
合计	3334599850.23	合计	3334599850.23

补充资料：基建借款期末余额 0 元，基建结余资金 0 元。

表 4-19　项目竣工财务决算报表——资金情况明细表

项目名称：某医院门诊楼及外科楼改扩建工程　　　　　　　　　　　　　　　　单位：元

资金来源类别	合计		备注
	预算下达或概算批准金额	实际到位金额	须备注预算下达文号
一、财政资金拨款	2498920000.00	2498920000.00	
1. 中央财政资金	2381070000	2381070000	
一般公共预算资金			
中央基建投资	2381070000	2381070000	
财政专项资金			
政府性基金			
国有资本经营预算安排的基建项目资金			
政府统借统还非负债性资金			
2. 地方财政资金	117850000	117850000	
一般公共预算资金			
地方基建投资	51790000	51790000	京发改〔2009〕×××号
财政专项资金	66060000	66060000	京发改〔2009〕×××号
政府性基金			
国有资本经营预算安排的基建项目资金			
行政事业性收费			
政府统借统还非负债性资金			
二、项目资本金			
国家资本			
三、银行贷款			
四、企业债券资金			
五、自筹资金	869620000	824303569.41	按实际需求到位
六、其他资金			
合计	3368540000	3323223569.41	

补充资料：项目缺口资金 0 元，缺口资金落实情况为无。

表4-20　项目竣工财务决算报表——交付使用资产总表

项目名称：某医院门诊楼及外科楼改扩建工程

单位：元

序号	单项工程名称	总计	固定资产				流动资产	无形资产
			合计	建筑物及构筑物	设备	其他		
一	房屋建筑物	3177945294.49	3177945294.49	3177945294.49	—			
1	门急诊楼	1523869698.35	1523869698.35	1523869698.35				
2	手术科室楼（含地铁通道）	1654075596.14	1654075596.14	1654075596.14				
二	电梯设备	36945393.54	36945393.54		36945393.54			
三	通风和空调设备	3827653.65	3827653.65		3827653.65			
四	供电设备	14616789.34	14616789.34		14616789.34			
五	弱电设备	26114540.51	26114540.51		26114540.51			
1	视频监控及防盗报警系统	7292289.95	7292289.95		7292289.95			
2	楼栓、门禁（含巡更）系统	5572582.01	5572582.01		5572582.01			
3	停车场管理及车位引导号、有线电视、医护对讲、ICU 视频探视系统	4380542.59	4380542.59		4380542.59			
4	导医系统显示终端设备及硬件	3530565.71	3530565.71		3530565.71			
5	会议系统	5338560.25	5338560.25		5338560.25			
六	室外道路和广场	39644254.83	39644254.83	39432982.53	211272.30			
1	室外道路和广场	39432982.53	39432982.53	39432982.53				
2	设备	211272.30	211272.30		211272.30			
七	市政工程	24129643.05	24129643.05	24129643.05				
	热力站及外线管道	24129643.05	24129643.05	24129643.05				
	合计	3323223569.41	3323223569.41	3241507920.07	81715649.34		—	—

交付单位：某医院　　负责人：xxx
盖章：　　　　　　　2019年5月6日

接收单位：某医院　　负责人：xxx
盖章：　　　　　　　2019年5月6日

表4-21　项目竣工财务决算报表——交付使用资产明细表

项目名称：某医院门诊楼及外科楼改扩建工程

单位：元

序号	单项工程名称	固定资产				设备、工具、器具、家具						流动资产		无形资产	
		结构	面积（平方米）	建筑工程		名称	规格型号	数量	金额	设备安装费	分摊待摊投资	名称	金额	名称	金额
				金额	分摊待摊投资										
1	门诊楼	框架	113436.56	1523869698.35	698554376.86										
2	外科楼（含地铁通道）	框架	110945.4	1654075596.14	754969776.93										
3						病床梯 4#/5#	迅达	2	1283687.62	142397.59	1595.87				
4						病床梯 6#	迅达	1	644085.96	69357.63	803.64				
5						病床梯 16#/17#	迅达	2	1233265.85	132809.11	1538.77				
6						病床梯 18/19/20/21#	迅达	4	2456289.53	259459.37	3071.83				
7						病床梯 22/23/24#	迅达	3	1818445.73	192260.58	2273.90				
8						病床梯 7#、8#	迅达	2	1262961.07	133921.03	1578.74				
9						病床梯 9#	迅达	1	637964.88	65278.21	800.79				
10						病床梯 10/11/12#	迅达	3	1850443.67	190571.07	2321.00				
11						病床梯 14/15#	迅达	2	1216297.15	132173.72	1515.93				
12						病床梯 13#	迅达	1	617372.38	68164.84	767.96				
13						病床梯 25/26/27#	迅达	3	1830808.99	198498.85	2282.46				
14						标本专用梯 30#	迅达	1	93522.40	13897.51	111.34				
15						工作人员客梯 1/2#（F）	迅达	2	1198686.28	134979.49	1487.38				
16						病床梯 3#	迅达	1	653870.32	70975.33	815.06				
17						病案专用梯 28#	迅达	1	93522.40	13897.51	111.34				
18						扶梯 E1-2	迅达	2	58150.32	38754.52	27.12				

续表

序号	单项工程名称	固定资产										流动资产		无形资产	
		建筑工程				设备、工具、器具、家具						名称	金额	名称	金额
		结构	面积（平方米）	金额	分摊待摊投资	名称	规格型号	数量	金额	设备安装费	分摊待摊投资				
19						扶梯E3-4	迅达	2	64271.41	42833.94	29.98				
20						扶梯E5-6	迅达	2	64271.41	42833.94	29.98				
21						扶梯E7-8	迅达	2	64271.41	42833.94	29.98				
22						扶梯E9-10	迅达	2	64271.41	42833.94	29.98				
23						扶梯E11-12	迅达	2	64271.41	42833.94	29.98				
24						扶梯E13-18	迅达	6	148271.41	126833.94	29.98				
25						病床梯1/2/3#（F）	迅达	3	1932312.99	224553.70	2387.96				
26						病床梯18/19/20/21#	迅达	4	2428755.35	266206.82	3023.90				
27						病床梯4/5-11#	迅达	8	5126687.25	580838.54	6356.47				
28						污梯12#	迅达	2	637693.85	74572.76	787.41				
29						污梯13/14#	迅达	2	1256977.25	136867.05	1566.25				
30						货梯15/17（F）	迅达	1	760414.14	126775.16	886.02				
31						货梯16#（F）	迅达	1	389754.35	64758.87	454.44				
32						车（客）梯25#	迅达	1	536015.83	57720.60	668.80				
33						车（客）梯26/27#	迅达	2	944232.94	104150.29	1174.69				
34						客梯28#	迅达	1	472116.46	52075.14	587.34				
35						客梯29#	迅达	1	536015.83	57720.60	668.80				
36						客梯30/31#	迅达	2	933138.37	109407.70	1151.82				
37						客货梯32/33#	迅达	2	1014200.72	114842.16	1257.58				
38						客货梯34#	迅达	1	499758.30	55189.02	621.64				

续表

序号	单项工程 名称	建筑工程				设备、工具、器具、家具						流动资产		无形资产	
		结构	面积（平方米）	金额	分摊待摊投资	名称	规格型号	数量	金额	设备安装费	分摊待摊投资	名称	金额	名称	金额
39						客货梯35#	迅达	1	513510.82	57699.55	637.36				
40						货梯36#	迅达	1	517784.45	57885.19	643.08				
41						车（客）梯37/38#	迅达	2	1027021.63	115399.10	1274.72				
42	通风和空调设备					组合式空调机组	海洛游 Q11UA	2	294849.61		412.29				
43						组合式空调机组	海洛斯	1	214018.00		299.26				
44						壁挂式室内机	RPK-28SNQ	30	132210.46		184.87				
45						壁挂式室内机	RPK-40FSNQ	6	27560.14		38.54				
46						室外机	RAS-112FSVN1Q	7	164224.52		229.64				
47						室外机	RAS-140FSVN1Q	4	97121.12		135.80				
48						室外机	RAS-224FSN1Q	6	267024.46		373.38				
49						室外机	RAS-280FSN1Q	1	51272.27		71.69				
50						室外机	RAS-335FSN1Q	3	172287.97		240.91				
51						室外机	RAS-400FSN1Q	1	73246.10		102.42				
52						室外机	RAS-450FSN1Q	6	518529.25		725.06				
53						室外机	RAS-800FSN1Q	2	263222.07		368.06				
54						室外机	RAS-630FSN1Q×2	1	211789.53		296.15				
55						室外机	RAS-560FSN1Q	5	455100.55		636.37				
56						室外机	RAS-690FSN2Q	8	885197.60		1237.77				
57	供电设备					低压开关柜	MNS1-1, MNS1-2	2	412699.37		577.08				
58						低压开关柜	MNS1-2, MNS2-3	2	145402.04		203.32				

续表

序号	单项工程名称	固定资产										流动资产		无形资产	
		建筑工程				设备、工具、器具、家具						名称	金额	名称	金额
		结构	面积（平方米）	金额	分摊待摊投资	名称	规格型号	数量	金额	设备安装费	分摊待摊投资				
59						低压开关柜	MNS1-3、MNS1-4、MNS1-5、MNS2-3、MNS2-4、MNS2-5	6	443454.71		620.08				
60						低压开关柜	MNS1-6	1	44053.45		61.60				
61						低压开关柜	MNS1-7	1	49289.02		68.92				
62						低压开关柜	MNS1-8	1	49647.89		69.42				
63						低压开关柜	MNS1-9	1	48252.17		67.47				
64						低压开关柜	MNS1-10	1	51588.74		72.14				
65						低压开关柜	MNS1-11	1	117266.63		163.97				
66						低压开关柜	MNS1-12	1	46116.72		64.49				
67						低压开关柜	MNS1-13	1	46245.40		64.67				
68						低压开关柜	MNS1-14	1	51518.64		72.04				
69						低压开关柜	MNS1-15	1	47318.89		66.17				
70						低压开关柜	MNS1-16	1	46940.14		65.64				
71						低压开关柜	MNS1-17、MNS2-8	2	105709.46		147.81				
72						低压开关柜	MNS2-6	1	150459.74		210.39				
73						低压开关柜	MNS2-7	1	44053.45		61.60				
74						低压开关柜	MNS2-9、MNS2-10	2	118411.25		165.57				
75						低压开关柜	MNS2-11	1	46971.52		65.68				
76						低压开关柜	MNS2-12	1	46939.09		65.64				
77						低压开关柜	MNS2-13	1	46116.72		64.49				

续表

序号	单项工程名称	固定资产										流动资产		无形资产	
		建筑工程				设备、工具、器具、家具						名称	金额	名称	金额
		结构	面积（平方米）	金额	分摊待摊投资	名称	规格型号	数量	金额	设备安装费	分摊待摊投资				
78						低压开关柜	MNS2-14	1	46232.85		64.65				
79						低压开关柜	MNS2-15	1	51518.64		72.04				
80						低压开关柜	MNS2-16	1	47632.77		66.61				
81						低压开关柜	MNS2-17	1	48421.66		67.71				
82						低压开关柜	MNS3-1，MNS4-1	2	99867.05		139.64				
83						低压开关柜	MNS3-2，MNS4-2	2	122570.20		171.39				
84						低压开关柜	MNS3-3，MNS4-3	2	60385.83		84.44				
85						低压开关柜	MNS3-4，MNS4-4	2	62383.17		87.23				
86						低压开关柜	MNS3-5	1	35328.56		49.40				
87						低压开关柜	MNS3-6	1	34567.92		48.34				
88						低压开关柜	MNS3-7	1	46232.85		64.65				
89						低压开关柜	MNS4-5	1	34947.72		48.87				
90						低压开关柜	MNS406	1	34187.06		47.80				
91						低压开关柜	MNS5-1，MNS6-1	2	412699.43		577.08				
92						低压开关柜	MNS5-2，MNS6-2	2	237641.74		332.30				
93						低压开关柜	MNS5-3，MNS6-3	2	237641.74		332.30				
94						低压开关柜	MNS5-4，MNS5-5，MNS6-4，MNS6-5	4	260269.56		363.94				
95						低压开关柜	MNS5-6，MNS6-6	2	118411.25		165.57				
96						低压开关柜	MNS5-7	1	38375.31		53.66				
97						低压开关柜	MNS5-8	1	163865.67		229.13				

续表

序号	单项工程名称	建筑工程				设备、工具、器具、家具						流动资产		无形资产	
		结构	面积（平方米）	金额	分摊待摊投资	名称	规格型号	数量	金额	设备安装费	分摊待摊投资	名称	金额	名称	金额
98						低压开关柜	MNS6-7	1	35604.78		49.79				
99						电力监控系统	含电力仪表	1	1080138.83		1510.36				
100						低压开关柜	MNS2-1	2	242308.13		338.82				
101						低压开关柜	MNS1-2, MNS2-2	2	131619.43		184.04				
102						低压开关柜	MNS1-3, MNS1-4, MNS2-3, MNS2-4	4	263237.84		368.09				
103						低压开关柜	MNS1-5	1	36019.11		50.37				
104						低压开关柜	MNS1-6	1	37814.51		52.88				
105						低压开关柜	MNS1-7	1	40396.73		56.49				
106						低压开关柜	MNS1-8	1	105432.20		147.43				
107						低压开关柜	MNS1-9	1	37226.50		52.05				
108						低压开关柜	MNS1-10	1	38070.84		53.23				
109						低压开关柜	MNS1-11	1	37786.27		52.84				
110						低压开关柜	MNS1-12	1	40396.73		56.49				
111						低压开关柜	MNS1-13	1	42779.10		59.82				
112						低压开关柜	MNS2-5	1	95815.87		133.98				
113						低压开关柜	MNS2-6	1	35840.19		50.12				
114						低压开关柜	MNS2-7	1	38194.31		53.41				
115						低压开关柜	MNS2-8	1	45791.32		64.03				
116						低压开关柜	MNS2-9	1	40182.24		56.19				
117						低压开关柜	MNS2-10	1	39625.62		55.41				

续表

序号	单项工程名称	固定资产										流动资产		无形资产	
		建筑工程				设备、工具、器具、家具						名称	金额	名称	金额
		结构	面积（平方米）	金额	分摊待摊投资	名称	规格型号	数量	金额	设备安装费	分摊待摊投资				
118						低压开关柜	MNS2-11	1	33440.03		46.76				
119						低压开关柜	MNS2-12	1	37694.19		52.71				
120						低压开关柜	MNS2-13	1	37615.72		52.60				
121						低压开关柜	MNS2-14	1	41074.70		57.43				
122						低压开关柜	MNS2-15	1	43316.88		60.57				
123						低压开关柜	MNS3-1、MNS4-1	2	192028.29		268.51				
124						低压开关柜	MNS3-2、MNS4-2	2	244675.86		342.13				
125						低压开关柜	MNS3-3、MNS3-4、MNS3-8、MNS4-3、MNS4-4	5	208611.76		291.70				
126						低压开关柜	MNS3-5、MNS4-5	2	94189.96		131.71				
127						低压开关柜	MNS3-6、MNS4-6	2	86268.61		120.63				
128						低压开关柜	MNS3-7	1	44356.87		62.02				
129						低压开关柜	MNS4-7	1	44356.87		62.02				
130						低压开关柜	MNS3-9	1	78330.51		109.53				
131						低压开关柜	MNS5-1	1	57071.22		79.80				
132						低压开关柜	MNS5-2	1	52156.86		72.93				
133						低压开关柜	MNS5-3	1	52156.86		72.93				
134						低压开关柜	MNS5-4	1	33059.19		46.23				
135						低压开关柜	MNS5-5	1	38194.31		53.41				
136						电力监控系统	含电力仪表	1	559381.06		782.18				

续表

序号	单项工程名称	建筑工程				固定资产						流动资产		无形资产	
		结构	面积（平方米）	金额	分摊待摊投资	设备、工具、器具、家具				设备安装费	分摊待摊投资	名称	金额	名称	金额
						名称	规格型号	数量	金额						
137						干式变压器（含柜内连接母排）	SCB10－630/10/0.4	2	204872.97		286.47				
138						干式变压器（含柜内连接母排）	SCB10－800/10/0.4	1	124227.15		173.71				
139						干式变压器（含柜内连接母排）	SCB10－16000/10/0.4	2	434998.67		608.26				
140						干式变压器（含柜内连接母排）	SCB10－2000/10/0.4	2	523383.23		731.85				
141						干式变压器（含柜内连接母排）	SCB10－2500/10/0.4	4	1170586.31		1636.83				
142						高压开关柜	KYN28	46	3257907.88		4555.54				
143						成套直流电源装置	100AH、－220V	1	106916.81		149.50				
144	视频监控及防盗报警系统——期					网络视频服务器（编码器，含录像存储设备）	海康威视 DS－6508HF－SATA	76	1302712.34		1821.59				
145						机柜	恒利铭 800×600×2000	7	30131.68		42.13				
146						三层百兆接入交换机	华为 LS－S2326TP－EI－AC	7	24501.69		34.26				
147						光电转换模块	华为 ESFP－GE－SX－MM850	19	74994.12		104.86				
148						三层核心千兆交换机	华为 Quidway S9306	1	300432.98		420.10				
149						监控管理服务器（含操作系统）	DELL R710	1	42573.07		59.53				

续表

序号	单项工程名称	建筑工程				设备、工具、器具、家具						流动资产		无形资产	
		结构	面积（平方米）	金额	分摊待摊投资	名称	规格型号	数量	金额	设备安装费	分摊待摊投资	名称	金额	名称	金额
150						存储服务器	DELL R710	5	201901.73		282.32				
151						流媒体服务器	X3650M3	1	52184.62		72.97				
152						16口KVW切换器	ANTEN	1	15804.70		22.10				
153						显示器	三星19寸宽屏	2	4793.30		6.70				
154						工作站（含监控平台管理软件）	联想 ThinkStation E20 4222A33	4	598707.75		837.17				
155						IP-SAN磁盘阵列	海康威视 DS-A1048R 48T 12U	10	2180340.31		3048.78				
156						视频解码器	海康威视 DS-6308D	11	231736.82		324.04				
157						安防专用液晶监视器	VMW（维曼）MYL42E	21	546268.87		763.85				
158						服务器机柜	佰利铭 600×600×2000	6	54449.62		76.14				
159						UPS电源	山特 3C3-40KS/0.5H	1	3414.34		4.77				
160						16路硬盘录像机	海康威视 DS-8116 HF-S D1	3	93166.18		130.27				
161						4路硬盘录像机	海康威视 DS-8104 HF-S D1	11	246637.22		344.87				
162						19寸机柜	佰利铭 600×600×1200	13	26293.91		36.77				
163						键盘控制器	海康威视 DS-1100K	1	8503.76		11.89				
164						入侵报警控制器（含探测器、控制键盘、管理模块、软件）	霍尼韦尔 VISTA-120	1	181703.97		254.08				

续表

序号	单项工程名称	建筑工程				固定资产						流动资产		无形资产	
		结构	面积（平方米）	金额	分摊待摊投资	设备、工具、器具、家具						名称	金额	名称	金额
						名称	规格型号	数量	金额	设备安装费	分摊待摊投资				
165	视频监控及防盗报警系统——二期					打印机	通威 TW－120	1	2261.01		3.16				
166						网络视频服务器（编码器，含录像存储设备）	海康威视 DS－6508 HF－SATA	52	907728.74		1269.28				
167						机柜	恒利格 800×600×2000	5	21674.55		30.31				
168						二层百兆接入交换机	华为 LS－S2326TP－EI－AC	5	17707.15		24.76				
169						光电转换模块	华为 ESFP－GE－SX－MM850	5	20388.99		28.51				
170						19寸机柜	恒利格 600×600×1200	2	3498.97		4.89				
171						16路硬盘录像机	海康威视 DS－8116 HF－S D1	1	29074.84		40.66				
172						4路硬盘录像机	海康威视 DS－8104 HF－S D1	5	68702.72		96.07				
173	楼控、门禁（含巡更）系统——一期					控制主机	STAR II	32	532610.50		744.75				
174						8门控制芯片	STAR II/8	27	340190.70		475.69				
175						16门控制芯片	STAR II/16	5	134925.91		188.67				
176						控制主机 I/O 扩展板	WIR04/8/4	74	476992.79		666.98				
177						发卡器（CPU）	HON－CPURW－USB	1	6902.95		9.65				

续表

序号	单项工程名称	建筑工程				固定资产 设备、工具、器具、家具						流动资产		无形资产	
		结构	面积（平方米）	金额	分摊待摊投资	名称	规格型号	数量	金额	设备安装费	分摊待摊投资	名称	金额	名称	金额
178						门禁管理服务器（含门禁管理，SQL数据库软件）		1	309124.75		432.25				
179						中央管理服务器（含数据管理软件）		1	127299.80		178.00				
180						M3i平台软件（含软件编程）		1	218424.16		305.42				
181						NAE网络控制引擎	MS-NAE5510-1	3	261993.82		366.35				
182						NAE网络控制引擎	MS-NAE4510-2	1	80524.12		112.60				
183						硬盘录像机（8路，含2T硬盘）	DS-8008HF-S	2	14091.68		19.70				
184						硬盘录像机(16路，含4T硬盘)	DS-8016HF-S	1	19860.96		27.77				
185						显示器	22寸彩色不带键	3	8269.36		11.56				
186						百兆接入交换机(24口)	LS-2326TP-EI-AC	5	16255.08		22.73				
187						光电转换模块	华为 ESFP-GE-SX-MM850	6	22426.42		31.36				
188						光电收发器	长飞优创 F-04-G-550M	2	4048.82		5.66				
189	楼控、门禁系统巡更二期					控制主机	STAR II	49	799987.24		1118.62				
190						8门控制芯片	STAR II/8	20	255194.28		356.84				

续表

序号	单项工程名称	建筑工程				固定资产 设备、工具、器具、家具						流动资产		无形资产	
		结构	面积（平方米）	金额	分摊待摊投资	名称	规格型号	数量	金额	设备安装费	分摊待摊投资	名称	金额	名称	金额
191						16门控制芯片	STAR II/16	27	716949.48		1002.51				
192						控制主机I/O扩展板	WIR04/8/4	149	1032180.74		1443.30				
193						硬盘录像机（16路）	DS-8008HF-S	1	7045.84		9.85				
194						显示器	22寸彩色不带键	1	2756.45		3.85				
195						NAE网络控制引擎	MS-NAE5510-1	1	92104.22		128.79				
196						NCE网络控制引擎	MS-NCE2560-0	1	57987.17		81.08				
197						百兆接入交换机（24口）	LS-2326TP-EI-AC	6	19506.10		27.28				
198						光电转换模块	华为 ESFP-GE-SX-MM850	4	14928.67		20.87				
199	停车场管理及车位引导、有线电视、医护对讲、ICU视频探视系统——一期					智能挡车器（出口道闸）	ES30	3	110762.69		154.88				
200						出口车辆检测器	RF-PM12	6	10320.54		14.43				
201						出口收费岗亭		6	124107.80		173.54				
202						出口管理电脑（安装客户端软件）		6	61808.70		86.43				
203						中心管理电脑		4	33356.34		46.64				
204						网络交换机	S3100-16TP-EI	3	10929.28		15.28				

续表

序号	单项工程名称	建筑工程			固定资产						流动资产		无形资产	
		结构	面积(平方米)	金额	分摊待摊投资	名称	规格型号	设备、工具、器具、家具 数量	金额	设备安装费	分摊待摊投资	名称	金额	名称	金额
205						停车场管理系统软件		1	7634.23		10.67				
206						局域网交换机		1	1761.74		2.46				
207						通道控制器	RF-PX50P	3	54738.66		76.54				
208						对讲主机	LBW-5A	1	2067.12		2.89				
209						余位、收费显示屏	RF-PD14P	8	35989.74		50.32				
210						车牌对比捕捉卡	RF-PVO4L	11	51860.52		72.52				
211						车牌对比模块软件	RF-OCS-PVL	11	212156.66		296.66				
212						彩色高清摄像机	RFLPT062	11	153507.68		214.65				
213						引导单元屏	RF-PD13A	26	150471.51		210.40				
214						引导单元屏	RF-PD13B	13	74642.18		104.37				
215						出口吞卡票箱	RF-PB61B	2	34716.54		48.54				
216						UPS不间断电源	C10KS	2	17245.01		24.11				
217						收费柜台一体机	R-PQ10	2	51502.30		72.02				
218						服务器	ThinkerSererTS430 E3-1220/2G×2/2×500 GSATA	1	11250.73		15.73				
219						存储服务器	DELL R510	1	12328.35		17.24				
220						数据库	SQL2008	1	4855.38		6.79				
221						操作系统	微软 Windows Server 2008 企业版25用户	2	55160.73		77.13				

续表

序号	单项工程名称	固定资产										流动资产		无形资产	
		建筑工程				设备、工具、器具、家具						名称	金额	名称	金额
		结构	面积（平方米）	金额	分摊待摊投资	名称	规格型号	数量	金额	设备安装费	分摊待摊投资				
222	停车场管理及车位引导、有线电视、医护对讲、ICU视频探视系统—二期					智能挡车器（出口道闸）	ES30	2	70671.76		98.82				
223						出口车辆检测器	RF-PM12	1	1837.12		2.57				
224						出口收费岗亭		1	22091.99		30.89				
225						出口管理电脑（安装客户端软件）		1	10697.18		14.96				
226						局域网交换机		1	6321.84		8.84				
227						通道控制器	RF-PX50P	3	36864.87		51.55				
228						收费显示屏	RF-PD14P	2	9534.44		13.33				
229						车牌对比捕捉卡	RF-PV04L	1	4714.59		6.59				
230						车牌对比模块软件	RF-OCS-PVL	1	19286.97		26.97				
231						彩色高清摄像机	RFLPT062	2	24914.56		34.84				
232						引导单元屏	RF-PD13A	23	136386.58		190.71				
233						引导单元屏	RF-PD13B	19	109090.33		152.54				
234						出口吞卡票箱	RF-PB61B	2	33216.45		46.45				
235						UPS不间断电源	C2KS	2	6958.63		9.73				
236						走廊汉字显示屏	XNHX-A	69	379918.98		531.24				
237						中央控制器	XNZJ-A	32	504578.44		705.55				

续表

序号	单项工程名称	建筑工程				设备、工具、器具、家具						流动资产		无形资产	
		结构	面积（平方米）	金额	分摊待摊投资	名称	规格型号	数量	金额	设备安装费	分摊待摊投资	名称	金额	名称	金额
238						南格医护患呼叫系统软件	网络版2.0	32	343697.19		480.59				
239						信息看板模块软件		1	39533.04		55.28				
240						服务器	DELL T610	1	34417.00		48.13				
241						可视视管理主机	ICU-J07A	2	40866.99		57.14				
242						可视探访分机	ICU-H07A	34	590727.48		826.02				
243						可视探访病床分机	ICU-H07B	30	560002.99		783.05				
244						硬盘录像机	DS-8016HF-S	2	4304.25		60.27				
245						硬盘录像机（8路，含2T硬盘）		2	13470.22		18.84				
246						液晶电视	海信TLM42	4	48495.84		67.81				
247						百兆接入交换机		2	5968.43		8.35				
248	导医系统显示终端设备及硬件——一期					电视机	LG 47LE5300 彩色不带键	106	948252.89		1325.94				
249						电视机	三星 UA32C4000 彩色不带键	82	466429.41		652.21				
250						液晶显示器	明基 G2200W 彩色不带键	583	1106530.49		1547.26				
251						数字转发器	Xir R8200	3	107561.24		150.40				
252						射频合路器	3合1	1	17506.93		24.48				
253						射频分路器	1分3	1	21899.55		30.62				

续表

序号	单项工程名称	建筑工程				设备、工具、器具、家具						流动资产		无形资产	
		结构	面积（平方米）	金额	分摊待摊投资	名称	规格型号	数量	金额	设备安装费	分摊待摊投资	名称	金额	名称	金额
254						信号放大器	RPLK-RF	1	55823.31		78.06				
255						数字对讲机	Xir P8200	1	7482.99		10.46				
256						数字对讲机	Xir P8260	1	8275.59		11.57				
257						19寸标准机柜	600×600×2000	2	8785.82		12.29				
258	导医系统显示终端设备及硬件一二期					电视机	LG 47LE5300 彩色不带键	18	235902.03		329.86				
259						电视机	三星 UA32C4000 彩色不带键	95	522194.12		730.19				
260						液晶显示器	明基 G2200W 彩色不带键	12	23921.34		33.45				
261	会议系统一期					主扩壁挂音箱	JBL CBT100LA	2	45439.50		63.54				
262						主扩壁挂音箱	Speakercraft OE8-1	18	159202.90		222.61				
263						功率放大器	RVS DY-300	9	92708.62		129.63				
264						数字音频矩阵	BIAMP NEXIA CS	7	908017.55		1269.68				
265						音频矩阵切换器	VAS-8×2DR	9	147407.75		206.12				
266						电源时序器	RVS 230	8	48550.60		67.89				
267						机柜	19英寸标准 42U，木质外壳	9	106773.93		149.30				
268						正投电动投影幕	GRANDVIW 100'	10	59758.51		83.56				
269						正投电动投影幕	GRANDVIW 120'	4	23062.09		32.25				

续表

序号	单项工程名称	固定资产											流动资产		无形资产	
		建筑工程				设备、工具、器具、家具					设备安装费	分摊待摊投资	名称	金额	名称	金额
		结构	面积（平方米）	金额	分摊待摊投资	名称	规格型号	数量	金额							
270						视频格式转换器	LIGUO VFT－2×2VG Pro	7	106482.48			148.89				
271						RGB矩阵	0	9	422085.90			590.20				
272						HDMI分配解码器	HD1×2	9	84970.94			118.82				
273						DVI－D 转 RGBHV 转化器	KENSENCE HDMI－TO－HSDA	9	108420.37			151.60				
274						中控主机（含软件编程）	CRESTRON CP2E	8	823477.50			1151.47				
275	会议系统二期					主扩壁挂音箱	JBL CBT100LA	2	90796.29			126.96				
276						主扩壁挂音箱	Speakercraft OE8－1	4	68167.72			95.32				
277						定压功率放大器	TOA P－1812	10	64352.72			89.98				
278						定压功率放大器	RVS DY－700	2	21881.59			30.60				
279						定压功率放大器		4	19494.02			27.26				
280						数字音频矩阵	BIAMP NEXIA CS	13	619511.04			866.26				
281						音频矩阵切换器	VAS－8×2DR	13	96294.27			134.65				
282						电源时序器	RVS 230	13	37312.62			52.17				
283						机柜	19英寸标准42U，木质外壳	13	77693.32			108.64				
284						正投电动投影幕	GRANDVIW 100'	8	24869.58			34.78				
285						正投电动投影幕	GRANDVIW 120'	5	23041.10			32.22				

续表

序号	单项工程名称	固定资产										流动资产		无形资产	
		建筑工程				设备、工具、器具、家具						名称	金额	名称	金额
		结构	面积（平方米）	金额	分摊待摊投资	名称	规格型号	数量	金额	设备安装费	分摊待摊投资				
286						视频格式转换器	LIGUO VFT－2×2VG Pro	13	77742.23		108.71				
287						RGB矩阵	VGASN－8×8B	13	261422.28		365.55				
288						HDMI分配解码器	HD1×2	13	58772.49		82.18				
289						DVI－D转RGBHV转化器	KENSENCE HDMI TO－HSDA	13	74991.94		104.86				
290						中控主机（含软件编程）	CRESTRON CP2E	13	585858.40		819.21				
291	室外道路、广场			39432982.53	17539538.95	轨道推拉门（西门较嗣明同）		1	142856.53		199.76				
292						1.8米杆灯	150W	13	26198.33		36.63				
293						草坪灯	13W	6	10285.78		14.38				
294						投射灯	25W	15	31931.66		44.65				
295	热力站及外线管道			24129643.05	10732711.22										
	合计			3241507920.07	1481796403.96			2646	81715649.34	4455062.25	108033.62				

支付单位：某医院　　　　　　　接收单位：某医院

盖章：　　　　　　　　　　　　盖章：

负责人：×××　　　　　　　　　负责人：×××

2019年5月6日　　　　　　　　　2019年5月6日

表 4-22 项目竣工财务决算报表——待摊投资明细表

项目名称：某医院门诊楼及外科楼改扩建工程　　　　　　　　　　　　　　　　单位：元

项目	金额	项目	金额
1. 勘察费	780843.16	25. 社会中介机构审计（查）费	
2. 设计费	30443603	26. 工程检测费	
3. 研究试验费		27. 设备检验费	
4. 环境影响评价费	1771000	28. 负荷联合试车费	
5. 监理费	21878099.96	29. 固定资产损失	
6. 土地征用及迁移补偿费	1367675885.15	30. 器材处理亏损	
7. 土地复垦及补偿费		31. 设备盘亏及毁损	
8. 土地使用税		32. 报废工程损失	
9. 耕地占用税		33. （贷款）项目评估费	
10. 车船税		34. 国外借款手续费及承诺费	
11. 印花税		35. 汇兑损益	
12. 临时设施费		36. 坏账损失	
13. 文物保护费		37. 借款利息	
14. 森林植被恢复费		38. 减：存款利息收入	
15. 安全生产费		39. 减：财政贴息资金	
16. 安全鉴定费		40. 企业债券发行费用	
17. 网络租赁费		41. 经济合同仲裁费	
18. 系统运行维护监理费		42. 诉讼费	
19. 项目建设管理费	2666310.28	43. 律师代理费	
20. 代建管理费		44. 航道维护费	
21. 工程保险费	283495.06	45. 航标设施费	
22. 招投标费	1759070	46. 航测费	
23. 合同公证费		47. 其他待摊投资性质支出	53961130.97
24. 可行性研究费	685000	合计	1481904437.58

表 4-23 项目竣工财务决算报表——其他待摊投资构成明细表

单位：元

序号	项目	金额
1	施工图审查费	718308
2	前期工作费	2905295.21
3	竣工图编制费	715311.13

续表

序号	项目	金额
4	项目竣工后发生的成品保护费及现场清洁费用	2941535.51
5	城市市政建设配套费	44383000
6	避雷装置安全检测	198000
7	竣工测绘	280000
8	系统节能性能检测	210000
9	东城民防北区人防工程赔偿款	110724
10	设立绿篱围挡费用	55056
11	工程调概咨询服务费	286000
12	北区建设规划咨询费	480000
13	用电咨询费	118540
14	北区优化设计咨询费	462583.12
15	图纸复印、晒图、地形图等费用	96778
	合计	53961130.97

表4-24　项目竣工财务决算报表——待核销基建支出明细表

项目名称：某医院门诊楼及外科楼改扩建工程　　　　　　　　　　　　　单位：元

不能形成资产部分的财政投资支出				用于家庭或个人的财政补助支出			
支出类别	单位	数量	金额	支出类别	单位	数量	金额
1. 江河清障			0	1. 补助群众造林			0
2. 航道清淤			0	2. 户用沼气工程			0
3. 飞播造林			0	3. 户用饮水工程			0
4. 退耕还林（草）			0	4. 农村危房改造工程			0
5. 封山（沙）育林（草）			0	5. 垦区、林区、棚户区改造			0
6. 水土保持			0				
7. 城市绿化			0				
8. 毁损道路修复			0				
9. 护坡及清理			0				
10. 取消项目可行性研究费			0				
11. 项目报废			0				
……				合计			0

表4-25 项目竣工财务决算报表——转出投资明细表

项目名称：某医院门诊楼及外科楼改扩建工程   单位：元

序号	单项工程名称	建筑工程				设备工具器具家具							流动资产		无形资产	
		结构	面积	金额	分摊待摊投资	名称	规格型号	单位	数量	金额	设备安装费	分摊待摊投资	名称	金额	名称	金额
	无															
	合计			0.00	0.00					0.00	0.00	0.00		0.00		0.00

交付单位：某医院   负责人：×××   接收单位：某医院   负责人：×××

盖章：   2019年5月6日   盖章：   2019年5月6日

12. 案例分析

（1）会计核算和财务管理等情况。

医院按照基本建设财务规定对该项目建设进行了会计核算并完成项目竣工财务决算。

1）项目资金到位332322.36万元，实际投资额332322.36万元，项目资金结余0.00万元。

2）项目实际投资额332322.36万元，已付331184.73万元，应付未付款1137.63万元，其中应付工程款401.03万元，应付监理、拆迁服务等其他费用736.60万元。

3）项目实际投资额情况。

该项目实际投资额332322.36万元，具体为：

建安投资176416.66万元，主要为：一期总包工程53931.30万元，二期总包工程55080.46万元，精装修工程18903.19万元，消防工程3756.73万元、交通标识工程357.59万元，幕墙工程15141.41万元，夜景照明工程361.30万元，室外工程 1997.20 万元，弱电工程 4564.34 万元，机械停车工程 1773.98 万元，会议工程 799.49 万元，多联体空调工程 235.97 万元，标识、标牌工程 515.99 万元，屏蔽工程 985.98 万元，施工供电工程 1342.10 万元，医用气体工程 1550.21 万元，热力站及外线工程 1189.24 万元，净化工程 11198.94 万元，电梯设备安装工程 445.51 万元。

设备投资 7715.26 万元，主要为：电梯设备 3244.49 万元，供电设备 1459.64 万元，医疗信息系统设备 1158.80 万元，多联体空调及弱电设备等 3011.13 万元。

待摊投资 148190.44 万元，主要为：项目建设管理费 266.63 万元，土地征用及迁移补偿费 136767.59 万元，勘察设计费 3122.44 万元（勘察费 78.08 万元、设计费 3044.36 万元），环境影响评价费 177.10 万元，工程监理费 2187.81 万元，工程保险费 28.35 万元，招投标费 175.91 万元。

其他待摊投资 5396.11 万元，主要为：城市市政建设配套费 4438.30 万元，前期工作费 290.53 万元，项目竣工后发生的成品保护费及现场清洁费用 294.15 万元，施工图审查费 71.83 万元，竣工图编制费 71.53 万元。

4）该项目无其他投资、转出投资和待核销基建支出。

5）项目竣工后共计形成交付使用资产 332322.36 万元，其中形成固定资产——建筑物及构筑物 324150.79 万元、固定资产——设备 8171.57 万元。交付使用时，将待摊投资分摊计入了建筑物及构筑物和设备中。

6）医院会计机构健全，财务制度健全，专人负责建设项目核算与管理工作。由于该项目是在 2016 年《基本建设财务规则》颁布之前实施的，该院财务部门严格执行国家颁布的《国有建设单位会计制度》和《基本建设财务管理规定》，资金筹措有序，请拨款及时，核算准确，做到账账、账证、账实、账表相符。

在编制竣工财务决算工作中，领导组织有力，成立由财务部门牵头、相关部门配合的工作机制，并聘请第三方会计师事务所协助，对建设项目建设情况和会计核算情况进行全面梳理，对交付使用资产及设备进行了全面清点。对待摊费用进行了合理分摊。

（2）项目特点。

该医院改扩建工程一期工程、二期工程分别于 2008 年 10 月、2009 年 6 月开工，并全部于 2013 年 7 月完工，且组织建设方、监理单位、施工单位、设计单位办理了工程质量竣工验收，该项目具备交付使用条件；该项目投资额大，总工程造价 332322.36 万元；由于该项目涉及征地拆迁，项目总体推进进度比较顺利，建设效率较高；项目审批完整、资金落实到位；管理规范，监管措施到位，是一项优质高效的民生工程，该项目的落成会极大地提升该医院的就诊环境和医疗设施条件。

（3）存在的问题。

该项目于 2013 年 7 月竣工，2019 年完成项目竣工财务决算，竣工财务决算基准日为 2018 年 12 月 31 日，项目竣工财务决算编制日期不符合国家财务管理规定的时限要求。

（五）案例五：某研究院建设项目内部控制制度

第一章　总则

第一条　为规范研究院建设项目行为，加强对建设项目全过程监督管理，规避风险，避免浪费，提高资金使用效益，实现优质、高效、安全、文明、廉洁的工作目标。依据《中华人民共和国招标投标法》《中华人民共和国建筑法》《工程建设施工招标投标管理办法》《行政事业单位内部控制规范（试行）》等有关规定，制定本制度。

第二条　本制度适用于单位自行组织或委托代建单位进行新建、改建、扩建工程，大型修缮工程及安装工程。

第二章　组织机构及职责

第三条　成立研究院建设项目领导小组，领导小组是建设项目的领导决策机构，组长由研究院分管基本建设工作的副院长担任，副组长由研究院基建局局长担任，成员单位包括基建局、计划局等。

建设项目领导小组下设建设项目推进办公室。

（一）建设项目领导小组的职责：

1. 贯彻落实国家基本建设政策法规；

2. 研究单位建设项目中的重大事项，报院长办公会审批；

3. 审议建设项目申报材料（可行性研究报告）和建设方案，按照规定程序进行报批；

4. 对建设项目的全过程进行监督检查；

5. 负责权限范围内的其他审批事项。

（二）建设项目推进办公室为建设项目领导小组的办事机构，办公室主任由基建局局长担任，成员包括基建局相关职能处室负责人，包括基建计划处、工程管理处、财务处、资产处、审计室等处室负责人以及相关专业人员。其工作职责为：

1. 负责对拟申报的项目进行科学论证，编制项目建议书、可行性研究报告，初步设计和投资概算编制和报批等；

2. 建设项目立项审批通过后，负责编制建设项目预算，按照规定渠道向（财政部、国家发展改革委、国家机关事务管理局）申报项目资金；

3. 组织建设项目招投标，按照公开、公平、公正的原则选择建设项目设计单位、施工单位、监理单位、跟踪审计单位以及工程造价咨询单位；

4. 对建设项目出现的重大问题，及时报建设项目领导小组审议；

5. 负责建设项目相关文件收发登记、公文流转审批工作，归集整理建设项目档案资料，建立工程项目档案台账，保管档案资料，项目竣工验收后办理交付资产后，按照建设项目档案管理要求向研究院档案室进行移交；

6. 负责建设项目的财务管理及会计核算；

7. 受理建设项目实施过程中的投诉，并及时反馈意见；

8. 建设项目领导小组授权的其他工作。

第四条　工作机制

按照不相容岗位分离原则，严格确定相关工作人员分工，建立相互制约的工作机制。

1. 项目前期人员：负责编制项目建议、可行性研究报告，但不能参与项目决策，项目审批后负责组织项目招投标及政府采购。项目前期人员办理所有立项、审批、招标手续后，签订施工合同，办理项目开工许可证，向工程管理部门办理移交。项目前期人员不得参与施工管理。

2. 工程项目施工管理人员：控制工程建设成本、掌握工程进度，不得参与工程项目招投标。

3. 基建财务管理人员：

参与建设项目全过程管理；编制建设项目预算、筹措建设项目资金、编制建设项目资金使用计划；办理建设项目进度款支付以及工程结算款支付，年终结转建设项目资金；对建设项目收支进行会计核算；审核建设项目各类支出的合规性，登记、汇总建设项目支出辅助账，月底向研究院财务部门报送建设项目支出情况汇总表；建设项目竣工验收后，牵头组织建设项目竣工财务决算。

4. 审计人员：

对工程项目立项、招投标、建设进度、工程质量、资金使用等各环节进行监督；开展工程项目专项审计工作；参与工程项目竣工决算审计。

第五条　建设项目规避风险点

1. 是否存在未批先建情况；

2. 是否存在越权审批现象；

3. 可行性研究报告不符合实际，造成项目决策不当，可能造成国家财政资金损失；

4. 招投标活动是否存在串通招标等舞弊行为、领导干预招投标情况；

5. 对工程项目概预算编制审核不严，造成建设项目成本的增加；

6. 对建设项目工程设计变更控制不严，造成超标准、超规模建设导致成本失控；

7. 建设项目跟踪审计、工程监理责任不落实，不能真正发挥监督作用导致建设项目结算纠纷风险；

8. 建设资金不落实，导致建设项目中断或进度延迟的风险；

9. 建设项目竣工验收不规范，可能导致交付资产存在重大隐患；

10. 建设项目财务核算不规范，可能导致公司资产账实不符或资产损失；

11. 安全措施不落实，导致安全事故风险。

第三章　审批权限

第六条　审批权限

（一）建设项目合同审批权限

建设项目涉及的合同，合同金额低于 200 万元的由研究院基建局一把手审批，合同金额大于 200 万元（含 200 万元）低于 500 万元的报建设项目领导小组审批，超过 500 万元（含 500 万元）的报研究院院长办公会审批。

（二）建设项目预付工程款、工程价款结算审批权限

预付工程价款或结算款低于 200 万元的由研究院基建局一把手审批，预付工程价款及结算款大于 200 万元（含 200 万元）低于 500 万元的报建设项目领导小组审批，超过 500 万元（含 500 万元）的报研究院院长办公会审批。

（三）建设项目设计变更、洽商审批权限

建设项目建设过程发生的合理设计变更，合同外发生的洽商，建设单位现场代表会同设计单位、监理单位协商一致予以确认，其中建设项目施工现场代表对变更、洽商导致增加建设成本在 10 万元以下的，可签字确认，对导致建设成本增加 10 万元（含 10 万元）至 100 万元的，报建设项目领导小组审批，超过 100 万元（含 100 万元）的报研究院院长办公会审批。

（四）建设项目审批权限执行

相关工作人员要严格执行审批制度，在授权范围内进行审批，严禁超越权限审批；具体工作人员在审批人批准的意见范围内开展业务工作；对于审批人超越事项，经办人有权拒绝办理并及时向审批人的上一级部门报告，确保建设项目审批权限规范。

第四章　建设项目主要风险点控制

第七条　建设资金控制

财务部门应当按照审批下达的投资计划和预算对建设项目资金实行专款专用，严禁截留、挪用和超批复内容使用资金。财务部门应当加强与承建单位的沟通，准确掌握建设进度，加强工程价款支付审核，按照规定办理工程价款结算。实行国库集中支付的建设项目，应当严格按照财政国库管理制度相关规定支付资金。

第八条　建设项目招标控制

基建计划部门严格执行《中华人民共和国招标投标法》《中华人民共和国采购法》等法律法规，按照公平、公开、公正，诚实、守信和高效的原则组织招标活动。

招标活动可以委托有资质的招标代理机构进行招投标，代理机构的选择通过比较的方式报建设项目领导小组确定，任何个人不得指定招标代理机构。

建设项目按照公开招标等方式选择承建单位，任何人不得干预招标活动。分项工程不得规避招投标，或者拆分招投。

工程设计单位、监理单位、跟踪审计单位、工程造价咨询公司（结算审核）按照国家有关规定按照公开招标、邀请招标等方式确定。

建设项目所有合同签订均须经法律顾问审核后签订，规避合同履约风险。

第九条　建设项目成本控制

工程管理部门加强施工现场管理，严格控制建设成本。严格按照建设项目概（预）算控制建设项目成本，经批准的投资概算是工程投资的最高限额，如有调整，应当按照国家有关规定报批。

建设项目工程洽商和设计变更应当按照本制度第六条相关规定履相应的审批程序后执行。

第十条　工程价款结算控制

审计部门负责工程价款结算审核。严格按照合同约定支付工程价款，建设项目竣工验收后，办理工程价款结算，全部委托有资质的工程造价咨询公司进行结算审核，规避结算引起的法律纠纷。

第十一条　建设项目竣工财务决算控制

建设项目竣工后，财务部门牵头组织建设项目竣工财务决算。项目前期相关工作人员、工程管理人员及档案资料管理人员全力配合做好建设项目竣工财务决算。按照规定的时限完成竣工财务决算，组织竣工财务决算报审，并根据批复的竣工财务决算和有关规定办理建设项目账务调整、资产移交等工作。

第五章　监督检查

第十二条　建立监督检查机制

研究院审计部门牵头，定期组织对建设项目的监督，检查相关制度执行情况，业务的授权批准手续是否健全，是否存在越权审批行为。重点监督项目资金筹集与使用、预算编制与执行、建设成本控制、工程价款结算、竣工财务决算编报审核、资产交付等情况，并接受上级财政部门和上级主管部门的监督。

第十三条　对监督检查过程中发现的问题，通知相关部门进行整改。监督检查结果及问题整改情况报建设项目领导小组。

第六章　附则

第十四条　本制度由建设项目领导小组办公室负责解释。

第十五条　本制度自研究院院长办公室批准之日起执行。

参考文献

［1］财政部．关于印发《中央部门项目支出核心绩效目标和指标设置及取值指引（试行）》的通知［EB/OL］．中华人民共和国财政部官网，http：//www. mof. gov. cn/jrttts/202108/t20210825_3748046. htm，2021-08-25.

［2］财政监察专员办事机构对中央预算内基本建设资金监督检查实施办法［EB/OL］．中华人民共和国农业农村部官网，http：//www. moa. gov. cn/ztzl/nyjbjsxmglfgxb/cwgl/200412/t20041201_280121. htm，2014-12-01.

［3］柴忠信．电力基本建设财务管理［M］．北京：中国电力出版社，2008.

［4］柴忠信．发电基本建设项目竣工财务决算编制实务［M］．北京：中国电力出版社，2015.

［5］范文俊．基建项目竣工财务决算的财务风险控制［J］．时代经贸，2017（30）：23-24.

［6］冯星华，童伟英．高校基建财务在基本建设中的监督管理作用会计实务［J］．中国市场，2011（22）：81-82.

［7］甘德义．浅谈行政事业单位基本建设项目竣工财务决算管理［J］．行政事业资产与财务，2017（34）：70，73.

［8］广东省财政厅关于印发《广东省财政厅关于基本建设财务管理的实施办法》及配套制度的通知［EB/OL］．广东省财政厅官网，http：//czt. gd. gov. cn/zwgk/ls/content/post_187656. html，2017-07-27.

［9］李夏玲．行政事业单位基本建设项目财务管理对策研究［J］．农业科

研经济管理，2018（1）：42-44.

[10] 廖裕萍．浅谈财政支出基本建设项目如何实施绩效评价 [J]．行政事业资产与财务，2012（24）：79-80.

[11] 鹿晶．浅谈行政事业单位建设项目风险防控措施 [J]．今日财富，2017（3）：33-34.

[12] 农业部基本建设财务管理办法 [EB/OL]．中华人民共和国农业农村部官网，http：//www.moa.gov.cn/ztzl/nyjbjsxmglfgxb/cwgl/200412/t20041201_280045.htm，2004-12-01.

[13] 石晶．关于军工科研事业单位基本建设项目资产交付工作的分析与思考 [J]．纳税，2019（19）：137，139.

[14] 史玉凤，宋瑞，杨铄．行政事业单位内部控制存在问题及对策研究 [J]．科技资讯，2021（5）：221-223.

[15] 王旻静．行政事业单位基本建设财务管理存在的问题与建议 [J]．财会研究，2020（22）：111-112.

[16] 王爽．基本建设项目竣工财务决算报表编制探析 [J]．财会学习，2019（13）：43-44.

[17] 吴凌青．行政事业单位建设项目的主要风险和防控措施浅见 [J]．财经界，2016（12）：106，175.

[18] 徐丰利，李永军．基本建设财务核算管理与审计 [M]．北京：石油工业出版社，2017.

[19] 杨茜．农业科研单位基本建设项目交付使用资产问题及建议 [J]．中国农业会计，2016（8）：10-11.

[20] 张莹．谈基本建设财务管理制度的新变化及适应策略 [J]．中国乡镇企业会计，2017（2）：91-92.

[21] 赵昌林．浅谈政府基建单位资产账务移交的问题及相关建议 [J]．中国经贸，2020（18）：112-113.

附　录

附录1　行政事业单位基本建设项目
竣工财务决算报表

项目单位负责人：　　　　　　　项目单位财务负责人：

项目单位联系人及电话：　　　　项目单位财务负责人联系电话：

编报日期：　　　　　　　　　　决算基准日：

行政事业单位建设项目概况表（1-1）

建设项目（单项工程）名称			建设地址			项目		概算批准金额	实际完成金额	备注
主要设计单位			主要施工企业				建筑安装工程			
占地面积（m²）	设计	实际	总投资（万元）	设计	实际	基建支出	设备、工具、器具			
							待摊投资			
新增生产能力		能力（效益）名称		设计	实际		其中：项目建设管理费			
							其他投资			
建设起止时间	设计		自　年　月　日至　年　月　日				待核销基建支出			
	实际		自　年　月　日至　年　月　日				转出投资			
概算批准部门及文号							合计			

续表

完成主要工程量	建设规模		设备（台、套、吨）	
	设计	实际	设计	实际

尾工工程	单项工程项目、内容	批准概算	预计未完部分投资额	已完成投资额	预计完成时间
	小计				

行政事业单位建设项目竣工财务决算表（1-2）

项目名称：　　　　　　　　　　　　　　　　　　　　　　　单位：

资金来源	金额	资金占用	金额
一、基建拨款		一、基本建设支出	
1. 中央财政资金		（一）交付使用资产	
其中：一般公共预算资金		1. 固定资产	
中央基建投资		2. 流动资产	
财政专项资金		3. 无形资产	
政府性基金		（二）在建工程	
国有资本经营预算安排的基建项目资金		1. 建筑安装工程投资	
2. 地方财政资金		2. 设备投资	
其中：一般公共预算资金		3. 待摊投资	
地方基建投资		4. 其他投资	
财政专项资金		（三）待核销基建支出	
政府性基金		（四）转出投资	
国有资本经营预算安排的基建项目资金		二、货币资金合计	
二、部门自筹资金（非负债性资金）		其中：银行存款	
三、项目资本		财政应返还额度	
1. 国家资本		其中：直接支付	
2. 法人资本		授权支付	
3. 个人资本		现金	

续表

资金来源	金额	资金占用	金额
4. 外商资本		有价证券	
四、项目资本公积		三、预付及应收款合计	
五、基建借款		1. 预付备料款	
其中：企业债券资金		2. 预付工程款	
六、待冲基建支出		3. 预付设备款	
七、应付款合计		4. 应收票据	
1. 应付工程款		5. 其他应收款	
2. 应付设备款		四、固定资产合计	
3. 应付票据		固定资产原价	
4. 应付工资及福利费		减：累计折旧	
5. 其他应付款		固定资产净值	
八、未交款合计		固定资产清理	
1. 未交税金		待处理固定资产损失	
2. 未交结余财政资金			
3. 未交基建收入			
4. 其他未交款			
合计		合计	

补充资料：基建借款期末余额：

基建结余资金：

备注：资金来源合计扣除财政资金拨款与国家资本、资本公积重叠部分。

行政事业单位建设项目资金情况明细表（1-3）

项目名称： 　　　　　　　　　　　　　　　　　　　　　单位：

资金来源类别	合计		备注
	预算下达或概算批准金额	实际到位金额	需备注预算下达文号
一、财政资金拨款			
1. 中央财政资金			
其中：一般公共预算资金			
中央基建投资			
财政专项资金			
政府性基金			
国有资本经营预算安排的基建项目资金			

资金来源类别	合计		备注
	预算下达或概算批准金额	实际到位金额	需备注预算下达文号
政府统借统还非负债性资金			
2. 地方财政资金			
其中：一般公共预算资金			
地方基建投资			
财政专项资金			
政府性基金			
国有资本经营预算安排的基建项目资金			
行政事业性收费			
政府统借统还非负债性资金			
二、项目资本金			
其中：国家资本			
三、银行贷款			
四、企业债券资金			
五、自筹资金			
六、其他资金			
合计			

补充资料：项目缺口资金：

缺口资金落实情况：

行政事业单位建设项目交付使用资产总表（1-4）

项目名称：　　　　　　　　　　　　　　　　　　　　　　　　　单位：

序号	单项工程名称	总计	固定资产				流动资产	无形资产
			合计	建筑物及构筑物	设备	其他		

续表

序号	单项工程名称	总计	固定资产				流动资产	无形资产
			合计	建筑物及构筑物	设备	其他		

交付单位： 负责人： 接收单位： 负责人：

盖章： 年 月 日 盖章： 年 月 日

行政事业单位建设项目交付使用资产明细表（1-5）

项目名称： 单位：

序号	单项工程名称	固定资产										流动资产		无形资产	
		建筑工程				设备、工具、器具、家具						名称	金额	名称	金额
		结构	面积	金额	其中：分摊待摊投资	名称	规格型号	数量	金额	其中：设备安装费	其中：分摊待摊投资				

交付单位： 负责人： 接收单位： 负责人：

盖章： 年 月 日 盖章： 年 月 日

行政事业单位建设项目待摊投资明细表（1-6）

项目名称： 单位：

项目	金额	项目	金额
1. 勘察费		5. 监理费	
2. 设计费		6. 土地征用及迁移补偿费	
3. 研究试验费		7. 土地复垦及补偿费	
4. 环境影响评价费		8. 土地使用税	

续表

项目	金额	项目	金额
9. 耕地占用税		29. 固定资产损失	
10. 车船税		30. 器材处理亏损	
11. 印花税		31. 设备盘亏及毁损	
12. 临时设施费		32. 报废工程损失	
13. 文物保护费		33. （贷款）项目评估费	
14. 森林植被恢复费		34. 国外借款手续费及承诺费	
15. 安全生产费		35. 汇兑损益	
16. 安全鉴定费		36. 坏账损失	
17. 网络租赁费		37. 借款利息	
18. 系统运行维护监理费		38. 减：存款利息收入	
19. 项目建设管理费		39. 减：财政贴息资金	
20. 代建管理费		40. 企业债券发行费用	
21. 工程保险费		41. 经济合同仲裁费	
22. 招投标费		42. 诉讼费	
23. 合同公证费		43. 律师代理费	
24. 可行性研究费		44. 航道维护费	
25. 社会中介机构审计（查）费		45. 航标设施费	
26. 工程检测费		46. 航测费	
27. 设备检验费		47. 其他待摊投资性质支出	
28. 负荷联合试车费		合计	

行政事业单位建设项目待核销基建支出明细表（1-7）

项目名称：　　　　　　　　　　　　　　　　　　　　　　　　　单位：

不能形成资产部分的财政投资支出				用于家庭或个人的财政补助支出			
支出类别	单位	数量	金额	支出类别	单位	数量	金额
1. 江河清障				1. 补助群众造林			
2. 航道清淤				2. 户用沼气工程			
3. 飞播造林				3. 户用饮水工程			
4. 退耕还林（草）				4. 农村危房改造工程			
5. 封山（沙）育林（草）				5. 垦区及林区棚户区改造			
6. 水土保持				……			

续表

不能形成资产部分的财政投资支出				用于家庭或个人的财政补助支出			
支出类别	单位	数量	金额	支出类别	单位	数量	金额
7. 城市绿化							
8. 毁损道路修复							
9. 护坡及清理							
10. 取消项目可行性研究费							
11. 项目报废							
……				合计			

行政事业单位建设项目转出投资明细表（1-8）

项目名称：　　　　　　　　　　　　　　　　　　　　　　　　　单位：

序号	单项工程名称	建筑工程				设备、工具、器具、家具							流动资产		无形资产	
		结构	面积	金额	其中：分摊待摊投资	名称	规格型号	单位	数量	金额	设备安装费	其中：分摊待摊投资	名称	金额	名称	金额
1																
2																
3																
4																
5																
6																
7																
8																
	合计															

交付单位：　　负责人：　　　　　　　　　　　　接收单位：　　负责人：

盖章：　　年 月 日　　　　　　　　　　　　盖章：　　年 月 日

附录2　行政事业单位基本建设项目竣工财务决算审核表

委托评审单位及委托文号：　　　　　　　委托评审时间及时限：

实际评审起止时间：　　　　　　　　　　评审报告报送时间：

行政事业单位建设项目竣工财务决算审核汇总表（2-1）

项目名称：

序号	工程项目及费用名称	批准概算		送审投资		审定投资		审定投资较概算增减额	备注
		数量	金额	数量	金额	数量	金额		
	按批准概算明细口径或单位工程、分部工程填列（以下为示例）								
	总计								
一	建筑安装工程投资								
	……								
二	设备、工器具								
	……								
三	工程建设其他费用								
	……								
……	……								

项目单位：　　负责人签字：　　　　评审机构：　　评审负责人签字：

（盖单位公章）　年　月　日　　　（盖单位公章）　年　月　日

行政事业单位建设项目资金情况审核明细表（2-2）

项目名称：　　　　　　　　　　　　　　　　　　　　　单位：

资金来源类别	合计		备注
	预算下达或概算批准金额	实际到位金额	需备注预算下达文号
一、财政资金拨款			
1. 中央财政资金			
其中：一般公共预算资金			
中央基建投资			
财政专项资金			
政府性基金			
国有资本经营预算安排的基建项目资金			
政府统借统还非负债性资金			
2. 地方财政资金			
其中：一般公共预算资金			

续表

资金来源类别	合计		备注
	预算下达或概算批准金额	实际到位金额	需备注预算下达文号
地方基建投资			
财政专项资金			
政府性基金			
国有资本经营预算安排的基建项目资金			
行政事业性收费			
政府统借统还非负债性资金			
二、项目资本金			
其中：国家资本			
三、银行贷款			
四、企业债券资金			
五、自筹资金			
六、其他资金			
合计			

项目单位：　　　　　　　　　　　　　　　评审机构：

负责人签字：　　　　　　　　　　　　　评审负责人签字：

　　年　月　日　　　　　　　　　　　　　　年　　月　日

行政事业单位建设项目待摊投资审核明细表（2-3）

单位：

项目	审定金额	项目	审定金额
1. 勘察费		11. 印花税	
2. 设计费		12. 临时设施费	
3. 研究试验费		13. 文物保护费	
4. 环境影响评价费		14. 森林植被恢复费	
5. 监理费		15. 安全生产费	
6. 土地征用及迁移补偿费		16. 安全鉴定费	
7. 土地复垦及补偿费		17. 网络租赁费	
8. 土地使用税		18. 系统运行维护监理费	
9. 耕地占用税		19. 项目建设管理费	
10. 车船税		20. 代建管理费	

项目	审定金额	项目	审定金额
21. 工程保险费		35. 汇兑损益	
22. 招投标费		36. 坏账损失	
23. 合同公证费		37. 借款利息	
24. 可行性研究费		38. 减：存款利息收入	
25. 社会中介机构审计（查）费		39. 减：财政贴息资金	
26. 工程检测费		40. 企业债券发行费用	
27. 设备检验费		41. 经济合同仲裁费	
28. 负荷联合试车费		42. 诉讼费	
29. 固定资产损失		43. 律师代理费	
30. 器材处理亏损		44. 航道维护费	
31. 设备盘亏及毁损		45. 航标设施费	
32. 报废工程损失		46. 航测费	
33.（贷款）项目评估费		47. 其他待摊投资性质支出	
34. 国外借款手续费及承诺费		合计	

项目单位：　　　　　　　　　　　　　　　　　评审机构：
负责人签字：　　　　　　　　　　　　　　　　评审负责人签字：
　　年　月　日　　　　　　　　　　　　　　　　年　月　日

行政事业单位建设项目交付使用资产审核明细表（2-4）

项目名称：

序号	单项工程名称	固定资产												流动资产		无形资产	
		建筑物及构筑物					设备、工具、器具、家具										
		结构	面积	未分摊前金额	分摊待摊投资	金额合计	名称	规格型号	单位	数量	未分摊前金额	设备安装费	分摊待摊投资	金额合计	名称	金额	名称	金额
1																		
2																		
3																		
4																		
5																		
6																		
7																		

续表

序号	单项工程名称	固定资产													流动资产		无形资产	
		建筑物及构筑物					设备、工具、器具、家具											
		结构	面积	未分摊前金额	分摊待摊投资	金额合计	名称	规格型号	单位	数量	未分摊前金额	设备安装费	分摊待摊投资	金额合计	名称	金额	名称	金额
8																		
9																		
10																		
合计																		

项目单位：　　负责人签字：　　　　　　　　　　　评审机构：　　评审负责人签字：
　　　　　　　　年 月 日　　　　　　　　　　　　　　　　　　年 月 日

行政事业单位建设项目转出投资审核明细表（2-5）

项目名称：

序号	单项工程名称	固定资产										流动资产		无形资产	
		建筑物及构筑物					设备								
		结构	面积	未分摊前金额	分摊待摊投资	金额合计	名称	规格型号	单位	数量	金额合计	名称	金额	名称	金额
1															
2															
3															
4															
5															
6															
7															
8															
9															
10															
合计															

项目单位：　　负责人签字：　　　　　　　　　　　评审机构：　　评审负责人签字：
　　　　　　　　年 月 日　　　　　　　　　　　　　　　　　　年 月 日

行政事业单位建设项目待核销基建支出审核明细表（2-6）

项目名称：　　　　　　　　　　　　　　　　　　　　　　　　　　　　　　单位：

不能形成资产部分的财政投资支出				用于家庭或个人的财政补助支出			
支出类别	单位	数量	金额	支出类别	单位	数量	金额
1. 江河清障				1. 补助群众造林			
2. 航道清淤				2. 户用沼气工程			
3. 飞播造林				3. 户用饮水工程			
4. 退耕还林（草）				4. 农村危房改造工程			
5. 封山（沙）育林（草）				5. 垦区及林区棚户区改造			
6. 水土保持				……			
7. 城市绿化							
8. 毁损道路修复							
9. 护坡及清理							
10. 取消项目可行性研究费							
11. 项目报废							
……				合计			

项目单位：　　　负责人签字：　　　　　评审机构：　　　评审负责人签字：

　　　　　　　　　年　月　日　　　　　　　　　　　　　　年　月　日

附录3　基本建设财务规则

中华人民共和国财政部令　第81号

第一章　总则

第一条　为了规范基本建设财务行为，加强基本建设财务管理，提高财政资金使用效益，保障财政资金安全，制定本规则。

第二条　本规则适用于行政事业单位的基本建设财务行为，以及国有和国有控股企业使用财政资金的基本建设财务行为。

基本建设是指以新增工程效益或者扩大生产能力为主要目的的新建、续建、改扩建、迁建、大型维修改造工程及相关工作。

第三条 基本建设财务管理应当严格执行国家有关法律、行政法规和财务规章制度，坚持勤俭节约、量力而行、讲求实效，正确处理资金使用效益与资金供给的关系。

第四条 基本建设财务管理的主要任务是：

（一）依法筹集和使用基本建设项目（以下简称"项目"）建设资金，防范财务风险；

（二）合理编制项目资金预算，加强预算审核，严格预算执行；

（三）加强项目核算管理，规范和控制建设成本；

（四）及时准确编制项目竣工财务决算，全面反映基本建设财务状况；

（五）加强对基本建设活动的财务控制和监督，实施绩效评价。

第五条 财政部负责制定并指导实施基本建设财务管理制度。

各级财政部门负责对基本建设财务活动实施全过程管理和监督。

第六条 各级项目主管部门（含一级预算单位，下同）应当会同财政部门，加强本部门或者本行业基本建设财务管理和监督，指导和督促项目建设单位做好基本建设财务管理的基础工作。

第七条 项目建设单位应当做好以下基本建设财务管理的基础工作：

（一）建立、健全本单位基本建设财务管理制度和内部控制制度；

（二）按项目单独核算，按照规定将核算情况纳入单位账簿和财务报表；

（三）按照规定编制项目资金预算，根据批准的项目概（预）算做好核算管理，及时掌握建设进度，定期进行财产物资清查，做好核算资料档案管理；

（四）按照规定向财政部门、项目主管部门报送基本建设财务报表和资料；

（五）及时办理工程价款结算，编报项目竣工财务决算，办理资产交付使用手续；

（六）财政部门和项目主管部门要求的其他工作。

按照规定实行代理记账和项目代建制的，代理记账单位和代建单位应当配合项目建设单位做好项目财务管理的基础工作。

第二章　建设资金筹集与使用管理

第八条　建设资金是指为满足项目建设需要筹集和使用的资金，按照来源分为财政资金和自筹资金。其中，财政资金包括一般公共预算安排的基本建设投资资金和其他专项建设资金，政府性基金预算安排的建设资金，政府依法举债取得的建设资金，以及国有资本经营预算安排的基本建设项目资金。

第九条　财政资金管理应当遵循专款专用原则，严格按照批准的项目预算执行，不得挤占挪用。

财政部门应当会同项目主管部门加强项目财政资金的监督管理。

第十条　财政资金的支付，按照国库集中支付制度有关规定和合同约定，综合考虑项目财政资金预算、建设进度等因素执行。

第十一条　项目建设单位应当根据批准的项目概（预）算、年度投资计划和预算、建设进度等控制项目投资规模。

第十二条　项目建设单位在决策阶段应当明确建设资金来源，落实建设资金，合理控制筹资成本。非经营性项目建设资金按照国家有关规定筹集；经营性项目在防范风险的前提下，可以多渠道筹集。

具体项目的经营性和非经营性性质划分，由项目主管部门会同财政部门根据项目建设目的、运营模式和盈利能力等因素核定。

第十三条　核定为经营性项目的，项目建设单位应当按照国家有关固定资产投资项目资本管理的规定，筹集一定比例的非债务性资金作为项目资本。

在项目建设期间，项目资本的投资者除依法转让、依法终止外，不得以任何方式抽走出资。

经营性项目的投资者以实物、知识产权、土地使用权等非货币财产作价出资的，应当委托具有专业能力的资产评估机构依法评估作价。

第十四条　项目建设单位取得的财政资金，区分以下情况处理：

经营性项目具备企业法人资格的，按照国家有关企业财务规定处理。不具备企业法人资格的，属于国家直接投资的，作为项目国家资本管理；属于投资补助的，国家拨款时对权属有规定的，按照规定执行，没有规定的，由项目投资者享有；属于有偿性资助的，作为项目负债管理。

经营性项目取得的财政贴息，项目建设期间收到的，冲减项目建设成本；项目竣工后收到的，按照国家财务、会计制度的有关规定处理。

非经营性项目取得的财政资金，按照国家行政、事业单位财务、会计制度的有关规定处理。

第十五条 项目收到的社会捐赠，有捐赠协议或者捐赠者有指定要求的，按照协议或者要求处理；无协议和要求的，按照国家财务、会计制度的有关规定处理。

第三章 预算管理

第十六条 项目建设单位编制项目预算应当以批准的概算为基础，按照项目实际建设资金需求编制，并控制在批准的概算总投资规模、范围和标准以内。

项目建设单位应当细化项目预算，分解项目各年度预算和财政资金预算需求。涉及政府采购的，应当按照规定编制政府采购预算。

项目资金预算应当纳入项目主管部门的部门预算或者国有资本经营预算统一管理。列入部门预算的项目，一般应当从项目库中产生。

第十七条 项目建设单位应当根据项目概算、建设工期、年度投资和自筹资金计划、以前年度项目各类资金结转情况等，提出项目财政资金预算建议数，按照规定程序经项目主管部门审核汇总报财政部门。

项目建设单位根据财政部门下达的预算控制数编制预算，由项目主管部门审核汇总报财政部门，经法定程序审核批复后执行。

第十八条 项目建设单位应当严格执行项目财政资金预算。对发生停建、缓建、迁移、合并、分立、重大设计变更等变动事项和其他特殊情况确需调整的项目，项目建设单位应当按照规定程序报项目主管部门审核后，向财政部门申请调整项目财政资金预算。

第十九条 财政部门应当加强财政资金预算审核和执行管理，严格预算约束。

财政资金预算安排应当以项目以前年度财政资金预算执行情况、项目预算评审意见和绩效评价结果作为重要依据。项目财政资金未按预算要求执行的，按照有关规定调减或者收回。

第二十条　项目主管部门应当按照预算管理规定，督促和指导项目建设单位做好项目财政资金预算编制、执行和调整，严格审核项目财政资金预算、细化预算和预算调整的申请，及时掌握项目预算执行动态，跟踪分析项目进度，按照要求向财政部门报送执行情况。

第四章　建设成本管理

第二十一条　建设成本是指按照批准的建设内容由项目建设资金安排的各项支出，包括建筑安装工程投资支出、设备投资支出、待摊投资支出和其他投资支出。

建筑安装工程投资支出是指项目建设单位按照批准的建设内容发生的建筑工程和安装工程的实际成本。

设备投资支出是指项目建设单位按照批准的建设内容发生的各种设备的实际成本。

待摊投资支出是指项目建设单位按照批准的建设内容发生的，应当分摊计入相关资产价值的各项费用和税金支出。

其他投资支出是指项目建设单位按照批准的建设内容发生的房屋购置支出，基本畜禽、林木等的购置、饲养、培育支出，办公生活用家具、器具购置支出，软件研发和不能计入设备投资的软件购置等支出。

第二十二条　项目建设单位应当严格控制建设成本的范围、标准和支出责任，以下支出不得列入项目建设成本：

（一）超过批准建设内容发生的支出；

（二）不符合合同协议的支出；

（三）非法收费和摊派；

（四）无发票或者发票项目不全、无审批手续、无责任人员签字的支出；

（五）因设计单位、施工单位、供货单位等原因造成的工程报废等损失，以及未按照规定报经批准的损失；

（六）项目符合规定的验收条件之日起 3 个月后发生的支出；

（七）其他不属于本项目应当负担的支出。

第二十三条　财政资金用于项目前期工作经费部分，在项目批准建设后，列入项目建设成本。

没有被批准或者批准后又被取消的项目，财政资金如有结余，全部缴回国库。

第五章　基建收入管理

第二十四条　基建收入是指在基本建设过程中形成的各项工程建设副产品变价收入、负荷试车和试运行收入以及其他收入。

工程建设副产品变价收入包括矿山建设中的矿产品收入，油气、油田钻井建设中的原油气收入，林业工程建设中的路影材收入，以及其他项目建设过程中产生或者伴生的副产品、试验产品的变价收入。

负荷试车和试运行收入包括水利、电力建设移交生产前的供水、供电、供热收入，原材料、机电轻纺、农林建设移交生产前的产品收入，交通临时运营收入等。

其他收入包括项目总体建设尚未完成或者移交生产，但其中部分工程简易投产而发生的经营性收入等。

符合验收条件而未按照规定及时办理竣工验收的经营性项目所实现的收入，不得作为项目基建收入管理。

第二十五条　项目所取得的基建收入扣除相关费用并依法纳税后，其净收入按照国家财务、会计制度的有关规定处理。

第二十六条　项目发生的各项索赔、违约金等收入，首先用于弥补工程损失，结余部分按照国家财务、会计制度的有关规定处理。

第六章　工程价款结算管理

第二十七条　工程价款结算是指依据基本建设工程发承包合同等进行工程预付款、进度款、竣工价款结算的活动。

第二十八条　项目建设单位应当严格按照合同约定和工程价款结算程序支付工程款。竣工价款结算一般应当在项目竣工验收后 2 个月内完成，大型项目一般不得超过 3 个月。

第二十九条　项目建设单位可以与施工单位在合同中约定按照不超过工程价

款结算总额的5%预留工程质量保证金，待工程交付使用缺陷责任期满后清算。资信好的施工单位可以用银行保函替代工程质量保证金。

第三十条　项目主管部门应当会同财政部门加强工程价款结算的监督，重点审查工程招投标文件、工程量及各项费用的计取、合同协议、施工变更签证、人工和材料价差、工程索赔等。

第七章　竣工财务决算管理

第三十一条　项目竣工财务决算是正确核定项目资产价值、反映竣工项目建设成果的文件，是办理资产移交和产权登记的依据，包括竣工财务决算报表、竣工财务决算说明书以及相关材料。

项目竣工财务决算应当数字准确、内容完整。竣工财务决算的编制要求另行规定。

第三十二条　项目年度资金使用情况应当按照要求编入部门决算或者国有资本经营决算。

第三十三条　项目建设单位在项目竣工后，应当及时编制项目竣工财务决算，并按照规定报送项目主管部门。

项目设计、施工、监理等单位应当配合项目建设单位做好相关工作。

建设周期长、建设内容多的大型项目，单项工程竣工具备交付使用条件的，可以编报单项工程竣工财务决算，项目全部竣工后应当编报竣工财务总决算。

第三十四条　在编制项目竣工财务决算前，项目建设单位应当认真做好各项清理工作，包括账目核对及账务调整、财产物资核实处理、债权实现和债务清偿、档案资料归集整理等。

第三十五条　在编制项目竣工财务决算时，项目建设单位应当按照规定将待摊投资支出按合理比例分摊计入交付使用资产价值、转出投资价值和待核销基建支出。

第三十六条　项目竣工财务决算审核、批复管理职责和程序要求由同级财政部门确定。

第三十七条　财政部门和项目主管部门对项目竣工财务决算实行先审核、后批复的办法，可以委托预算评审机构或者有专业能力的社会中介机构进行审核。

对符合条件的，应当在6个月内批复。

第三十八条　项目一般不得预留尾工工程，确需预留尾工工程的，尾工工程投资不得超过批准的项目概（预）算总投资的5%。

项目主管部门应当督促项目建设单位抓紧实施项目尾工工程，加强对尾工工程资金使用的监督管理。

第三十九条　已具备竣工验收条件的项目，应当及时组织验收，移交生产和使用。

第四十条　项目隶属关系发生变化时，应当按照规定及时办理财务关系划转，主要包括各项资金来源、已交付使用资产、在建工程、结余资金、各项债权及债务等的清理交接。

第八章　资产交付管理

第四十一条　资产交付是指项目竣工验收合格后，将形成的资产交付或者转交生产使用单位的行为。

交付使用的资产包括固定资产、流动资产、无形资产等。

第四十二条　项目竣工验收合格后应当及时办理资产交付使用手续，并依据批复的项目竣工财务决算进行账务调整。

第四十三条　非经营性项目发生的江河清障疏浚、航道整治、飞播造林、退耕还林（草）、封山（沙）育林（草）、水土保持、城市绿化、毁损道路修复、护坡及清理等不能形成资产的支出，以及项目未被批准、项目取消和项目报废前已发生的支出，作为待核销基建支出处理；形成资产产权归属本单位的，计入交付使用资产价值；形成资产产权不归属本单位的，作为转出投资处理。

非经营性项目发生的农村沼气工程、农村安全饮水工程、农村危房改造工程、游牧民定居工程、渔民上岸工程等涉及家庭或者个人的支出，形成资产产权归属家庭或者个人的，作为待核销基建支出处理；形成资产产权归属本单位的，计入交付使用资产价值；形成资产产权归属其他单位的，作为转出投资处理。

第四十四条　非经营性项目为项目配套建设的专用设施，包括专用道路、专用通讯设施、专用电力设施、地下管道等，产权归属本单位的，计入交付使用资产价值；产权不归属本单位的，作为转出投资处理。

非经营性项目移民安置补偿中由项目建设单位负责建设并形成的实物资产，产权归属集体或者单位的，作为转出投资处理；产权归属移民的，作为待核销基建支出处理。

第四十五条　经营性项目发生的项目取消和报废等不能形成资产的支出，以及设备采购和系统集成（软件）中包含的交付使用后运行维护等费用，按照国家财务、会计制度的有关规定处理。

第四十六条　经营性项目为项目配套建设的专用设施，包括专用铁路线、专用道路、专用通讯设施、专用电力设施、地下管道、专用码头等，项目建设单位应当与有关部门明确产权关系，并按照国家财务、会计制度的有关规定处理。

第九章　结余资金管理

第四十七条　结余资金是指项目竣工结余的建设资金，不包括工程抵扣的增值税进项税额资金。

第四十八条　经营性项目结余资金，转入单位的相关资产。

非经营性项目结余资金，首先用于归还项目贷款。如有结余，按照项目资金来源属于财政资金的部分，应当在项目竣工验收合格后3个月内，按照预算管理制度有关规定收回财政。

第四十九条　项目终止、报废或者未按照批准的建设内容建设形成的剩余建设资金中，按照项目实际资金来源比例确认的财政资金应当收回财政。

第十章　绩效评价

第五十条　项目绩效评价是指财政部门、项目主管部门根据设定的项目绩效目标，运用科学合理的评价方法和评价标准，对项目建设全过程中资金筹集、使用及核算的规范性、有效性，以及投入运营效果等进行评价的活动。

第五十一条　项目绩效评价应当坚持科学规范、公正公开、分级分类和绩效相关的原则，坚持经济效益、社会效益和生态效益相结合的原则。

第五十二条　项目绩效评价应当重点对项目建设成本、工程造价、投资控制、达产能力与设计能力差异、偿债能力、持续经营能力等实施绩效评价，根据管理需要和项目特点选用社会效益指标、财务效益指标、工程质量指标、建设工期指标、资金来源指标、资金使用指标、实际投资回收期指标、实际单位生产（营运）能力投资指标等评价指标。

第五十三条　财政部门负责制定项目绩效评价管理办法，对项目绩效评价工作进行指导和监督，选择部分项目开展重点绩效评价，依法公开绩效评价结果。绩效评价结果作为项目财政资金预算安排和资金拨付的重要依据。

第五十四条　项目主管部门会同财政部门按照有关规定，制定本部门或者本行业项目绩效评价具体实施办法，建立具体的绩效评价指标体系，确定项目绩效目标，具体组织实施本部门或者本行业绩效评价工作，并向财政部门报送绩效评价结果。

第十一章　监督管理

第五十五条　项目监督管理主要包括对项目资金筹集与使用、预算编制与执行、建设成本控制、工程价款结算、竣工财务决算编报审核、资产交付等的监督管理。

第五十六条　项目建设单位应当建立、健全内部控制和项目财务信息报告制度，依法接受财政部门和项目主管部门等的财务监督管理。

第五十七条　财政部门和项目主管部门应当加强项目的监督管理，采取事前、事中、事后相结合，日常监督与专项监督相结合的方式，对项目财务行为实施全过程监督管理。

第五十八条　财政部门应当加强对基本建设财政资金形成的资产的管理，按照规定对项目资产开展登记、核算、评估、处置、统计、报告等资产管理基础工作。

第五十九条　对于违反本规则的基本建设财务行为，依照《预算法》、《财政违法行为处罚处分条例》等有关规定追究责任。

第十二章　附则

第六十条　接受国家经常性资助的社会力量举办的公益服务性组织和社会团体的基本建设财务行为，以及非国有企业使用财政资金的基本建设财务行为，参照本规则执行。

使用外国政府及国际金融组织贷款的基本建设财务行为执行本规则。国家另有规定的，从其规定。

第六十一条　项目建设内容仅为设备购置的，不执行本规则；项目建设内容以设备购置、房屋及其他建筑物购置为主并附有部分建筑安装工程的，可以简化执行本规则。

经营性项目的项目资本中，财政资金所占比例未超过 50% 的，项目建设单位可以简化执行本规则，但应当按照要求向财政部门、项目主管部门报送相关财务资料。国家另有规定的，从其规定。

第六十二条　中央项目主管部门和各省、自治区、直辖市、计划单列市财政厅（局）可以根据本规则，结合本行业、本地区的项目情况，制定具体实施办法并报财政部备案。

第六十三条　本规则自 2016 年 9 月 1 日起施行。2002 年 9 月 27 日财政部发布的《基本建设财务管理规定》（财建〔2002〕394 号）及其解释同时废止。

本规则施行前财政部制定的有关规定与本规则不一致的，按照本规则执行。《企业财务通则》（中华人民共和国财政部令第 41 号）、《金融企业财务规则》（中华人民共和国财政部令第 42 号）、《事业单位财务规则》（中华人民共和国财政部令第 68 号）和《行政单位财务规则》（中华人民共和国财政部令第 71 号）另有规定的，从其规定。

附录4　基本建设项目建设成本管理规定

财建〔2016〕504 号

第一条　为了规范基本建设项目建设成本管理，提高建设资金使用效益，依据《基本建设财务规则》（中华人民共和国财政部令第 81 号），制定本规定。

第二条　建筑安装工程投资支出是指基本建设项目（以下简称"项目"）建设单位按照批准的建设内容发生的建筑工程和安装工程的实际成本，其中不包括被安装设备本身的价值，以及按照合同规定支付给施工单位的预付备料款和预付工程款。

第三条 设备投资支出是指项目建设单位按照批准的建设内容发生的各种设备的实际成本（不包括工程抵扣的增值税进项税额），包括需要安装设备、不需要安装设备和为生产准备的不够固定资产标准的工具、器具的实际成本。

需要安装设备是指必须将其整体或几个部位装配起来，安装在基础上或建筑物支架上才能使用的设备。不需要安装设备是指不必固定在一定位置或支架上就可以使用的设备。

第四条 待摊投资支出是指项目建设单位按照批准的建设内容发生的，应当分摊计入相关资产价值的各项费用和税金支出。主要包括：

（一）勘察费、设计费、研究试验费、可行性研究费及项目其他前期费用；

（二）土地征用及迁移补偿费、土地复垦及补偿费、森林植被恢复费及其他为取得或租用土地使用权而发生的费用；

（三）土地使用税、耕地占用税、契税、车船税、印花税及按规定缴纳的其他税费；

（四）项目建设管理费、代建管理费、临时设施费、监理费、招标投标费、社会中介机构审查费及其他管理性质的费用；

（五）项目建设期间发生的各类借款利息、债券利息、贷款评估费、国外借款手续费及承诺费、汇兑损益、债券发行费用及其他债务利息支出或融资费用；

（六）工程检测费、设备检验费、负荷联合试车费及其他检验检测类费用；

（七）固定资产损失、器材处理亏损、设备盘亏及毁损、报废工程净损失及其他损失；

（八）系统集成等信息工程的费用支出；

（九）其他待摊投资性质支出。

项目在建设期间的建设资金存款利息收入冲减债务利息支出，利息收入超过利息支出的部分，冲减待摊投资总支出。

第五条 项目建设管理费是指项目建设单位从项目筹建之日起至办理竣工财务决算之日止发生的管理性质的支出。包括：不在原单位发工资的工作人员工资及相关费用、办公费、办公场地租用费、差旅交通费、劳动保护费、工具用具使用费、固定资产使用费、招募生产工人费、技术图书资料费（含软件）、业务招待费、施工现场津贴、竣工验收费和其他管理性质开支。

项目建设单位应当严格执行《党政机关厉行节约反对浪费条例》，严格控制项目建设管理费。

第六条 行政事业单位项目建设管理费实行总额控制，分年度据实列支。总额控制数以项目审批部门批准的项目总投资（经批准的动态投资，不含项目建设管理费）扣除土地征用、迁移补偿等为取得或租用土地使用权而发生的费用为基数分档计算。具体计算方法见附件。

建设地点分散、点多面广、建设工期长以及使用新技术、新工艺等的项目，项目建设管理费确需超过上述开支标准的，中央级项目，应当事前报项目主管部门审核批准，并报财政部备案，未经批准的，超标准发生的项目建设管理费由项目建设单位用自有资金弥补；地方级项目，由同级财政部门确定审核批准的要求和程序。

施工现场管理人员津贴标准比照当地财政部门制定的差旅费标准执行；一般不得发生业务招待费，确需列支的，项目业务招待费支出应当严格按照国家有关规定执行，并不得超过项目建设管理费的5%。

第七条 使用财政资金的国有和国有控股企业的项目建设管理费，比照第六条规定执行。国有和国有控股企业经营性项目的项目资本中，财政资金所占比例未超过50%的项目建设管理费可不执行第六条规定。

第八条 政府设立（或授权）、政府招标产生的代建制项目，代建管理费由同级财政部门根据代建内容和要求，按照不高于本规定项目建设管理费标准核定，计入项目建设成本。

实行代建制管理的项目，一般不得同时列支代建管理费和项目建设管理费，确需同时发生的，两项费用之和不得高于本规定的项目建设管理费限额。

建设地点分散、点多面广以及使用新技术、新工艺等的项目，代建管理费确需超过本规定确定的开支标准的，行政单位和使用财政资金建设的事业单位中央项目，应当事前报项目主管部门审核批准，并报财政部备案；地方项目，由同级财政部门确定审核批准的要求和程序。

代建管理费核定和支付应当与工程进度、建设质量结合，与代建内容、代建绩效挂钩，实行奖优罚劣。同时满足按时完成项目代建任务、工程质量优良、项目投资控制在批准概算总投资范围3个条件的，可以支付代建单位利润或奖励资金，代建单位利润或奖励资金一般不得超过代建管理费的10%，需使用财政资金支付的，应当事前报同级财政部门审核批准；未完成代建任务的，应当扣减代建管理费。

第九条 项目单项工程报废净损失计入待摊投资支出。

单项工程报废应当经有关部门或专业机构鉴定。非经营性项目以及使用财政资金所占比例超过项目资本50%的经营性项目，发生的单项工程报废经鉴定后，报项目竣工财务决算批复部门审核批准。

因设计单位、施工单位、供货单位等原因造成的单项工程报废损失，由责任单位承担。

第十条 其他投资支出是指项目建设单位按照批准的项目建设内容发生的房屋购置支出，基本畜禽、林木等的购置、饲养、培育支出，办公生活用家具、器具购置支出，软件研发及不能计入设备投资的软件购置等支出。

第十一条 本办法自2016年9月1日起施行。《财政部关于切实加强政府投资项目代建制财政财务管理有关问题的指导意见》（财建〔2004〕300号）同时废止。

项目建设管理费总额控制数费率表（4-1）　　　　单位：万元

工程总概算	费率（%）	算例	
		工程总概算	项目建设管理费
1000以下	2	1000	1000×2%＝20
1001～5000	1.5	5000	20+（5000-1000）×1.5%＝80
5001～10000	1.2	10000	80+（10000-5000）×1.2%＝140
10001～50000	1	50000	140+（50000-10000）×1%＝540
50001～100000	0.8	100000	540+（100000-50000）×0.8%＝940
100000以上	0.4	200000	940+（200000-100000）×0.4%＝1340

附录5　基本建设项目竣工财务决算管理暂行办法

财建〔2016〕503 号

第一条　为进一步加强基本建设项目竣工财务决算管理，依据《基本建设财务规则》（中华人民共和国财政部令第81号），制定本办法。

第二条　基本建设项目（以下简称"项目"）完工可投入使用或者试运行合格后，应当在3个月内编报竣工财务决算，特殊情况确需延长的，中小型项目不得超过2个月，大型项目不得超过6个月。

第三条　项目竣工财务决算未经审核前，项目建设单位一般不得撤销，项目负责人及财务主管人员、重大项目的相关工程技术主管人员、概（预）算主管人员一般不得调离。

项目建设单位确需撤销的，项目有关财务资料应当转入其他机构承接、保管。项目负责人、财务人员及相关工程技术主管人员确需调离的，应当继续承担或协助做好竣工财务决算相关工作。

第四条　实行代理记账、会计集中核算和项目代建制的，代理记账单位、会计集中核算单位和代建单位应当配合项目建设单位做好项目竣工财务决算工作。

第五条　编制项目竣工财务决算前，项目建设单位应当完成各项账务处理及财产物资的盘点核实，做到账账、账证、账实、账表相符。项目建设单位应当逐项盘点核实、填列各种材料、设备、工具、器具等清单并妥善保管，应变价处理的库存设备、材料以及应处理的自用固定资产要公开变价处理，不得侵占、挪用。

第六条　项目竣工财务决算的编制依据主要包括：国家有关法律法规；经批准的可行性研究报告、初步设计、概算及概算调整文件；招标文件及招标投标书，施工、代建、勘察设计、监理及设备采购等合同，政府采购审批文件、采购合同；历年下达的项目年度财政资金投资计划、预算；工程结算资料；有关的会计及财务管理资料；其他有关资料。

第七条　项目竣工财务决算的内容主要包括：项目竣工财务决算报表（附表1）、竣工财务决算说明书、竣工财务决（结）算审核情况及相关资料。

第八条　竣工财务决算说明书主要包括以下内容：

（一）项目概况；

（二）会计账务处理、财产物资清理及债权债务的清偿情况；

（三）项目建设资金计划及到位情况，财政资金支出预算、投资计划及到位情况；

（四）项目建设资金使用、项目结余资金分配情况；

（五）项目概（预）算执行情况及分析，竣工实际完成投资与概算差异及原因分析；

（六）尾工工程情况；

（七）历次审计、检查、审核、稽察意见及整改落实情况；

（八）主要技术经济指标的分析、计算情况；

（九）项目管理经验、主要问题和建议；

（十）预备费动用情况；

（十一）项目建设管理制度执行情况、政府采购情况、合同履行情况；

（十二）征地拆迁补偿情况、移民安置情况；

（十三）需说明的其他事项。

第九条　项目竣工决（结）算经有关部门或单位进行项目竣工决（结）算审核的，需附完整的审核报告及审核表（附表2），审核报告内容应当详实，主要包括：审核说明、审核依据、审核结果、意见、建议。

第十条　相关资料主要包括：

（一）项目立项、可行性研究报告、初步设计报告及概算、概算调整批复文件的复印件；

（二）项目历年投资计划及财政资金预算下达文件的复印件；

（三）审计、检查意见或文件的复印件；

（四）其他与项目决算相关资料。

第十一条　建设周期长、建设内容多的大型项目，单项工程竣工财务决算可单独报批，单项工程结余资金在整个项目竣工财务决算中一并处理。

第十二条　中央项目竣工财务决算，由财政部制定统一的审核批复管理制度和操作规程。中央项目主管部门本级以及不向财政部报送年度部门决算的中央单位的项目竣工财务决算，由财政部批复；其他中央项目竣工财务决算，由中央项目主管部门负责批复，报财政部备案。国家另有规定的，从其规定。

地方项目竣工财务决算审核批复管理职责和程序要求由同级财政部门确定。

经营性项目的项目资本中，财政资金所占比例未超过50%的，项目竣工财务决算可以不报财政部门或者项目主管部门审核批复。项目建设单位应当按照国家有关规定加强工程价款结算和项目竣工财务决算管理。

第十三条　财政部门和项目主管部门对项目竣工财务决算实行先审核、后批复的办法，可以委托预算评审机构或者有专业能力的社会中介机构进行审核。

第十四条　项目竣工财务决算审核批复环节中审减的概算内投资，按投资来源比例归还投资者。

第十五条　项目主管部门应当加强对尾工工程建设资金监督管理，督促项目建设单位抓紧实施尾工工程，及时办理尾工工程建设资金清算和资产交付使用手续。

第十六条　项目建设内容以设备购置、房屋及其他建筑物购置为主且附有部分建筑安装工程的，可以简化项目竣工财务决算编报内容、报表格式和批复手续；设备购置、房屋及其他建筑物购置，不用单独编报项目竣工财务决算。

第十七条　财政部门和项目主管部门审核批复项目竣工财务决算时，应当重点审查以下内容：

（一）工程价款结算是否准确，是否按照合同约定和国家有关规定进行，有无多算和重复计算工程量、高估冒算建筑材料价格现象；

（二）待摊费用支出及其分摊是否合理、正确；

（三）项目是否按照批准的概算（预）算内容实施，有无超标准、超规模、超概（预）算建设现象；

（四）项目资金是否全部到位，核算是否规范，资金使用是否合理，有无挤占、挪用现象；

（五）项目形成资产是否全面反映，计价是否准确，资产接受单位是否落实；

（六）项目在建设过程中历次检查和审计所提的重大问题是否已经整改落实；

（七）待核销基建支出和转出投资有无依据，是否合理；

（八）竣工财务决算报表所填列的数据是否完整，表间勾稽关系是否清晰、正确；

（九）尾工工程及预留费用是否控制在概算确定的范围内，预留的金额和比例是否合理；

（十）项目建设是否履行基本建设程序，是否符合国家有关建设管理制度要求等；

（十一）决算的内容和格式是否符合国家有关规定；

（十二）决算资料报送是否完整、决算数据间是否存在错误；

（十三）相关主管部门或者第三方专业机构是否出具审核意见。

第十八条 财政部对授权主管部门批复的中央项目竣工财务决算实行抽查制度。

第十九条 项目竣工后应当及时办理资金清算和资产交付手续，并依据项目竣工财务决算批复意见办理产权登记和有关资产入账或调账。

第二十条 项目建设单位经批准使用项目资金购买的车辆、办公设备等自用固定资产，项目完工时按下列情况进行财务处理：

资产直接交付使用单位的，按设备投资支出转入交付使用。其中，计提折旧的自用固定资产，按固定资产购置成本扣除累计折旧后的金额转入交付使用，项目建设期间计提的折旧费用作为待摊投资支出分摊到相关资产价值；不计提折旧的自用固定资产，按固定资产购置成本转入交付使用。

资产在交付使用单位前公开变价处置的，项目建设期间计提的折旧费用和固定资产清理净损益（即公开变价金额与扣除所提折旧后设备净值之间的差额）计入待摊投资，不计提自用固定资产折旧的项目，按公开变价金额与购置成本之间的差额作为待摊投资支出分摊到相关资产价值。

第二十一条 本办法自 2016 年 9 月 1 日起施行。《财政部关于加强和改进政府性基金年度决算和中央大中型基建项目竣工财务决算审批的通知》（财建〔2002〕26 号）和《财政部关于进一步加强中央基本建设项目竣工财务决算工作的通知》（财办建〔2008〕91 号）同时废止。

附录6　中央基本建设项目竣工财务决算 审核批复操作规程

（财办建〔2018〕2号）

第一章　总则

第一条　为进一步规范中央基本建设项目竣工财务决算审核批复程序和行为，保证工作质量，根据财政部《基本建设财务规则》（中华人民共和国财政部令第81号）、《基本建设项目竣工财务决算管理暂行办法》（财建〔2016〕503号）等规定，制定本规程。

第二条　本规程为财政部、中央项目主管部门（含一级预算单位和中央企业，以下简称"主管部门"）审核批复中央基本建设项目竣工财务决算的行为规范和参考依据。

第三条　本规程所称中央基本建设项目（以下简称"项目"），是指财务关系隶属于中央部门（或单位）的项目，以及国有企业、国有控股企业使用财政资金的非经营性项目和使用财政资金占项目资本比例超过50%的经营性项目。

第四条　国家有关文件规定的项目竣工财务决算（以下简称"项目决算"）批复范围划分如下：

（一）财政部直接批复的范围

1. 主管部门本级的投资额在3000万元（不含3000万元，按完成投资口径）以上的项目决算。

2. 不向财政部报送年度部门决算的中央单位项目决算。主要是指不向财政部报送年度决算的社会团体、国有及国有控股企业使用财政资金的非经营性项目和使用财政资金占项目资本比例超过50%的经营性项目决算。

（二）主管部门批复的范围

1. 主管部门二级及以下单位的项目决算。

2. 主管部门本级投资额在 3000 万元（含 3000 万元）以下的项目决算。

由主管部门批复的项目决算，报财政部备案（批复文件抄送财政部），并按要求向财政部报送半年度和年度汇总报表。

国防类项目、使用外国政府及国际金融组织贷款项目等，国家另有规定的，从其规定。

第二章　决算审核批复原则和程序

第五条　项目决算批复部门应按照"先审核后批复"原则，建立健全项目决算评审和审核管理机制，以及内部控制制度。

由财政部批复的项目决算，一般先由财政部委托财政投资评审机构或有资质的中介机构（以下统称"评审机构"）进行评审，根据评审结论，财政部审核后批复项目决算。

由主管部门批复的项目决算参照上述程序办理。

第六条　评审机构进行了决（结）算评审的项目决算，或已经审计署进行全面审计的项目决算，财政部或主管部门审核未发现较大问题，项目建设程序合法、合规，报表数据正确无误，评审报告内容详实、事实反映清晰、符合决算批复要求以及发现的问题均已整改到位的，可依据评审报告及审核结果批复项目决算。

第七条　未经评审或审计署全面审计的项目决算，以及虽经评审或审计，但主管部门、财政部审核发现存在以下问题或情形的，应开展项目决算评审：

（一）评审报告内容简单、附件不完整、事实反映不清晰且未达到决算批复相关要求。

（二）决算报表填列的数据不完整、存在较多错误、表间勾稽关系不清晰、不正确，以及决算报告和报表数据不一致。

（三）项目存在严重超标准、超规模、超概算，挤占、挪用项目建设资金，待核销基建支出和转出投资无依据、不合理等问题。

（四）评审报告或有关部门历次核查、稽查和审计所提问题未整改完毕，存在重大问题未整改或整改落实不到位。

（五）建设单位未能提供审计署的全面审计报告。

（六）其他影响项目竣工财务决算完成投资等的重要事项。

第八条　主管部门、财政部可对评审机构的工作质量实行报告审核、报告质量评估和质量责任追究制度。主管部门、财政部可对评审机构实行"黑名单"制度，将完成质量差、效率低的评审机构列入"黑名单"，3 年内不得再委托其业务。

第九条　委托评审机构实施项目竣工财务决算评审时，应当要求其遵循依法、独立、客观、公正的原则。

项目建设单位可对评审机构在实施评审过程中的违法行为进行举报。

第十条　主管部门、财政部收到项目竣工财务决算，一般可按照以下工作程序开展工作：

（一）条件和权限审核。

1. 审核项目是否为本部门批复范围。不属于本部门批复权限的项目决算，予以退回。

2. 审核项目或单项工程是否已完工。尾工工程超过 5% 的项目或单项工程，予以退回。

（二）资料完整性审核。

1. 审核项目是否经有资质的中介机构进行决（结）算评审，是否附有完整的评审报告。

对未经决（结）算评审（含审计署审计）的，委托评审机构进行决算审核。

2. 审核决算报告资料的完整性，决算报表和报告说明书是否按要求编制、项目有关资料复印件是否清晰、完整。

决算报告资料报送不完整的，通知其限期补报有关资料，逾期未补报的，予以退回。

需要补充说明材料或存在问题需要整改的，要求主管部门在限期内报送并督促项目建设单位进行整改，逾期未报或整改不到位的，予以退回。

属于本规程第七条规定情形的，委托评审机构进行评审。

（三）符合本规程第六条规定情形的，进入审核批复程序。

审核中，评审发现项目建设管理存在严重问题并需要整改的，要及时督促项目建设单位限期整改；存在违法违纪的，依法移交有关机关处理。

（四）审核未通过的，属评审报告问题的，退回评审机构补充完善；属项目本身不具备决算条件的，请项目建设单位（或报送单位）整改、补充完善或予以退回。

第三章　决算审核方式、依据和主要内容

第十一条　审核工作主要是对项目建设单位提供的决算报告及评审机构提供的评审报告、社会中介机构审计报告进行分析、判断，与审计署审计意见进行比对，并形成批复意见。

（一）政策性审核。重点审核项目履行基本建设程序情况、资金来源、到位及使用管理情况、概算执行情况、招标履行及合同管理情况、待核销基建支出和转出投资的合规性、尾工工程及预留费用的比例和合理性等。

（二）技术性审核。重点审核决算报表数据和表间勾稽关系、待摊投资支出情况、建筑安装工程和设备投资支出情况、待摊投资支出分摊计入交付使用资产情况以及项目造价控制情况等。

（三）评审结论审核。重点审核评审结论中投资审减（增）金额和理由。

（四）意见分歧审核及处理。对于评审机构与项目建设单位就评审结论存在意见分歧的，应以国家有关规定及国家批准项目概算为依据进行核定，其中：

评审审减投资属工程价款结算违反承发包双方合同约定及多计工程量、高估冒算等情况的，一律按评审机构评审结论予以核定批复。

评审审减投资属超国家批准项目概算、但项目运行使用确实需要的，原则上应先经项目概算审批部门调整概算后，再按调整概算确认和批复。若自评审机构出具评审结论之日起3个月内未取得原项目概算审批部门的调整概算批复，仍按评审结论予以批复。

第十二条　审核工作依据以下文件：

（一）项目建设和管理的相关法律、法规、文件规定。

（二）国家、地方以及行业工程造价管理的有关规定。

（三）财政部颁布的基本建设财务管理及会计核算制度。

（四）本项目相关资料：

1. 项目初步设计及概算批复和调整批复文件、历年财政资金预算下达文件。

2. 项目决算报表及说明书。

3. 历年监督检查、审计意见及整改报告。

必要时，还可审核项目施工和采购合同、招投标文件、工程结算资料，以及其他影响项目决算结果的相关资料。

第十三条　审核的主要内容包括工程价款结算、项目核算管理、项目建设资金管理、项目基本建设程序执行及建设管理、概（预）算执行、交付使用资产及尾工工程等。

第十四条　工程价款结算审核。主要包括评审机构对工程价款是否按有关规定和合同协议进行全面评审；评审机构对于多算和重复计算工程量、高估冒算建筑材料价格等问题是否予以审减；单位、单项工程造价是否在合理或国家标准范围，是否存在严重偏离当地同期同类单位工程、单项工程造价水平问题。

第十五条　项目核算管理情况审核主要包括执行《基本建设财务规则》及相关会计制度情况。具体包括：

（一）建设成本核算是否准确。对于超过批准建设内容发生的支出、不符合合同协议的支出、非法收费和摊派，以及无发票或者发票项目不全、无审批手续、无责任人员签字的支出和因设计单位、施工单位、供货单位等原因，造成的工程报废损失等不属于本项目应当负担的支出，是否按规定予以审减。

（二）待摊费用支出及其分摊是否合理合规。

（三）待核销基建支出有无依据、是否合理合规。

（四）转出投资有无依据、是否已落实接收单位。

（五）决算报表所填列的数据是否完整，表内和表间勾稽关系是否清晰、正确。

（六）决算的内容和格式是否符合国家有关规定。

（七）决算资料报送是否完整、决算数据之间是否存在错误。

（八）与财务管理和会计核算有关的其他事项。

第十六条　项目资金管理情况审核主要包括：

（一）资金筹集情况。

1. 项目建设资金筹集，是否符合国家有关规定。

2. 项目建设资金筹资成本控制是否合理。

（二）资金到位情况。

1. 财政资金是否按批复的概算、预算及时足额拨付项目建设单位。

2. 自筹资金是否按批复的概算、计划及时筹集到位，是否有效控制筹资成本。

（三）项目资金使用情况。

1. 财政资金情况。是否按规定专款专用，是否符合政府采购和国库集中支付等管理规定。

2. 结余资金情况。结余资金在各投资者间的计算是否准确；应上缴财政的结余资金是否按规定在项目竣工后 3 个月内及时交回，是否存在擅自使用结余资金情况。

第十七条 项目基本建设程序执行及建设管理情况审核主要包括：

（一）项目基本建设程序执行情况。审核项目决策程序是否科学规范，项目立项、可研、初步设计及概算和调整是否符合国家规定的审批权限等。

（二）项目建设管理情况。审核决算报告及评审或审计报告是否反映了建设管理情况：建设管理是否符合国家有关建设管理制度要求，是否建立和执行法人责任制、工程监理制、招投标制、合同制；是否制定相应的内控制度，内控制度是否健全、完善、有效；招投标执行情况和项目建设工期是否按批复要求有效控制。

第十八条 概（预）算执行情况。主要包括是否按照批准的概（预）算内容实施，有无超标准、超规模、超概（预）算建设现象，有无概算外项目和擅自提高建设标准、扩大建设规模、未完成建设内容等问题；项目在建设过程中历次检查和审计所提的重大问题是否已经整改落实；尾工工程及预留费用是否控制在概算确定的范围内，预留的金额和比例是否合理。

第十九条 交付使用资产情况。主要包括项目形成资产是否真实、准确、全面反映，计价是否准确，资产接受单位是否落实；是否正确按资产类别划分固定资产、流动资产、无形资产；交付使用资产实际成本是否完整，是否符合交付条件，移交手续是否齐全。

第四章　决算批复的主要内容

第二十条　主管部门、财政部批复项目决算主要包括以下内容：

（一）批复确认项目决算完成投资、形成的交付使用资产、资金来源及到位构成，核销基建支出和转出投资等。

（二）根据管理需要批复确认项目交付使用资产总表、交付使用资产明细表等。

（三）批复确认项目结余资金、决算评审审减资金，并明确处理要求。

1. 项目结余资金的交回时限。按照财政部有关基本建设结余资金管理办法规定处理，即应在项目竣工后 3 个月内交回国库。项目决算批复时，应确认是否已按规定交回，未交回的，应在批复文件中要求其限时缴回，并指出其未按规定及时交回问题。

2. 项目决算确认的项目概算内评审审减投资，按投资来源比例归还投资方，其中审减的财政资金按要求交回国库；决算审核确认的项目概算内审增投资，存在资金缺口的，要求主管部门督促项目建设单位尽快落实资金来源。

（四）批复项目结余资金和审减投资中应上缴中央总金库的资金，在决算批复后 30 日内，由主管部门负责上缴。上缴的方式如下：

对应缴回的国库集中支付结余资金，请主管部门及时将结余调整计划报财政部，并相应进行账务核销。

对应缴回的非国库集中支付结余资金，请主管部门由一级预算单位统一将资金汇总后上缴中央总金库。上缴时填写汇款单，"收款人全称"栏填写"财政部"，"账号"栏填"170001"，"汇入行名称"栏填"国家金库总库"，"用途"栏填应冲减的支出功能分类、政府支出经济分类科目名称及编码。上述工作完成以后，将汇款单印送财政部（部门预算管理对口司局、经济建设司）备查。

（五）要求主管部门督促项目建设单位按照批复及基本建设财务会计制度有关规定及时办理资产移交和产权登记手续，加强对固定资产的管理，更好地发挥项目投资效益。

（六）批复披露项目建设过程存在的主要问题，并提出整改时限要求。

（七）决算批复文件涉及需交回财政资金的，应当抄送财政部驻当地财政监察专员办事处。

第二十一条　主管部门和财政部驻当地财政监察专员办事处应对项目决算批复执行情况实施监督。

第五章　附则

第二十二条　财政部将进一步加强对主管部门批复项目竣工财务决算工作的指导和监督，对由主管部门批复的项目竣工财务决算，随机进行抽查复查。

第二十三条　主管部门可依据本规程并视本部门或行业情况进一步细化操作规程。

第二十四条　本规程依据的国家有关政策文件如出台新规定的，以新规定为准。

第二十五条　本规程由财政部（经济建设司）负责解释。

附录7　建设工程价款结算暂行办法

财建〔2004〕369 号

第一章　总则

第一条　为加强和规范建设工程价款结算，维护建设市场正常秩序，根据《中华人民共和国合同法》《中华人民共和国建筑法》《中华人民共和国招标投标法》《中华人民共和国预算法》《中华人民共和国政府采购法》《中华人民共和国预算法实施条例》等有关法律、行政法规制定本办法。

第二条　凡在中华人民共和国境内的建设工程价款结算活动，均适用本办法。国家法律法规另有规定的，从其规定。

第三条　本办法所称建设工程价款结算（以下简称"工程价款结算"），是指对建设工程的发承包合同价款进行约定和依据合同约定进行工程预付款、工程进度款、工程竣工价款结算的活动。

第四条　国务院财政部门、各级地方政府财政部门和国务院建设行政主管部门、各级地方政府建设行政主管部门在各自职责范围内负责工程价款结算的监督管理。

第五条　从事工程价款结算活动，应当遵循合法、平等、诚信的原则，并符合国家有关法律、法规和政策。

第二章　工程合同价款的约定与调整

第六条　招标工程的合同价款应当在规定时间内，依据招标文件、中标人的投标文件，由发包人与承包人（以下简称"发、承包人"）订立书面合同约定。

非招标工程的合同价款依据审定的工程预（概）算书由发、承包人在合同中约定。

合同价款在合同中约定后，任何一方不得擅自改变。

第七条　发包人、承包人应当在合同条款中对涉及工程价款结算的下列事项进行约定：

（一）预付工程款的数额、支付时限及抵扣方式；

（二）工程进度款的支付方式、数额及时限；

（三）工程施工中发生变更时，工程价款的调整方法、索赔方式、时限要求及金额支付方式；

（四）发生工程价款纠纷的解决方法；

（五）约定承担风险的范围及幅度以及超出约定范围和幅度的调整办法；

（六）工程竣工价款的结算与支付方式、数额及时限；

（七）工程质量保证（保修）金的数额、预扣方式及时限；

（八）安全措施和意外伤害保险费用；

（九）工期及工期提前或延后的奖惩办法；

（十）与履行合同、支付价款相关的担保事项。

第八条　发、承包人在签订合同时对于工程价款的约定，可选用下列一种约定方式：

（一）固定总价。合同工期较短且工程合同总价较低的工程，可以采用固定总价合同方式。

（二）固定单价。双方在合同中约定综合单价包含的风险范围和风险费用的计算方法，在约定的风险范围内综合单价不再调整。风险范围以外的综合单价调整方法，应当在合同中约定。

（三）可调价格。可调价格包括可调综合单价和措施费等，双方应在合同中约定综合单价和措施费的调整方法，调整因素包括：

1. 法律、行政法规和国家有关政策变化影响合同价款；

2. 工程造价管理机构的价格调整；

3. 经批准的设计变更；

4. 发包人更改经审定批准的施工组织设计（修正错误除外）造成费用增加；

5. 双方约定的其他因素。

第九条 承包人应当在合同规定的调整情况发生后 14 天内，将调整原因、金额以书面形式通知发包人，发包人确认调整金额后将其作为追加合同价款，与工程进度款同期支付。发包人收到承包人通知后 14 天内不予确认也不提出修改意见，视为已经同意该项调整。

当合同规定的调整合同价款的调整情况发生后，承包人未在规定时间内通知发包人，或者未在规定时间内提出调整报告，发包人可以根据有关资料，决定是否调整和调整的金额，并书面通知承包人。

第十条 工程设计变更价款调整。

（一）施工中发生工程变更，承包人按照经发包人认可的变更设计文件，进行变更施工，其中，政府投资项目重大变更，需按基本建设程序报批后方可施工。

（二）在工程设计变更确定后 14 天内，设计变更涉及工程价款调整的，由承包人向发包人提出，经发包人审核同意后调整合同价款。变更合同价款按下列方法进行：

1. 合同中已有适用于变更工程的价格，按合同已有的价格变更合同价款；

2. 合同中只有类似于变更工程的价格，可以参照类似价格变更合同价款；

3. 合同中没有适用或类似于变更工程的价格，由承包人或发包人提出适当的变更价格，经对方确认后执行。如双方不能达成一致的，双方可提请工程所在地工程造价管理机构进行咨询或按合同约定的争议或纠纷解决程序办理。

（三）工程设计变更确定后 14 天内，如承包人未提出变更工程价款报告，则发包人可根据所掌握的资料决定是否调整合同价款和调整的具体金额。重大工程变更涉及工程价款变更报告和确认的时限由发承包双方协商确定。

收到变更工程价款报告一方，应在收到之日起 14 天内予以确认或提出协商意见，自变更工程价款报告送达之日起 14 天内，对方未确认也未提出协商意见时，视为变更工程价款报告已被确认。

确认增（减）的工程变更价款作为追加（减）合同价款与工程进度款同期支付。

第三章　工程价款结算

第十一条　工程价款结算应按合同约定办理，合同未作约定或约定不明的，发、承包双方应依照下列规定与文件协商处理：

（一）国家有关法律、法规和规章制度；

（二）国务院建设行政主管部门，省、自治区、直辖市或有关部门发布的工程造价计价标准、计价办法等有关规定；

（三）建设项目的合同、补充协议、变更签证和现场签证，以及经发、承包人认可的其他有效文件；

（四）其他可依据的材料。

第十二条　工程预付款结算应符合下列规定：

（一）包工包料工程的预付款按合同约定拨付，原则上预付比例不低于合同金额的 10%，不高于合同金额的 30%，对重大工程项目，按年度工程计划逐年预付。计价执行《建设工程工程量清单计价规范》（GB50500—2003）的工程，实体性消耗和非实体性消耗部分应在合同中分别约定预付款比例。

（二）在具备施工条件的前提下，发包人应在双方签订合同后的 1 个月内或不迟于约定的开工日期前的 7 天内预付工程款，发包人不按约定预付，承包人应在预付时间到期后 10 天内向发包人发出要求预付的通知，发包人收到通知后仍不按要求预付，承包人可在发出通知 14 天后停止施工，发包人应从约定应付之日起向承包人支付应付款的利息（利率按同期银行贷款利率计），并承担违约责任。

（三）预付的工程款必须在合同中约定抵扣方式，并在工程进度款中进行抵扣。

（四）凡是没有签订合同或不具备施工条件的工程，发包人不得预付工程款，不得以预付款为名转移资金。

第十三条 工程进度款结算与支付应当符合下列规定：

（一）工程进度款结算方式

1. 按月结算与支付。即实行按月支付进度款，竣工后清算的办法。合同工期在两个年度以上的工程，在年终进行工程盘点，办理年度结算。

2. 分段结算与支付。即当年开工、当年不能竣工的工程按照工程形象进度，划分不同阶段支付工程进度款。具体划分在合同中明确。

（二）工程量计算

1. 承包人应当按照合同约定的方法和时间，向发包人提交已完工程量的报告。发包人接到报告后14天内核实已完工程量，并在核实前1天通知承包人，承包人应提供条件并派人参加核实；承包人收到通知后不参加核实，以发包人核实的工程量作为工程价款支付的依据。发包人不按约定时间通知承包人，致使承包人未能参加核实，核实结果无效。

2. 发包人收到承包人报告后14天内未核实完工程量，从第15天起，承包人报告的工程量即视为被确认，作为工程价款支付的依据；双方合同另有约定的，按合同执行。

3. 对承包人超出设计图纸（含设计变更）范围和因承包人原因造成返工的工程量，发包人不予计量。

（三）工程进度款支付

1. 根据确定的工程计量结果，承包人向发包人提出支付工程进度款申请，14天内，发包人应按不低于工程价款的60%，不高于工程价款的90%向承包人支付工程进度款。按约定时间发包人应扣回的预付款，与工程进度款同期结算抵扣。

2. 发包人超过约定的支付时间不支付工程进度款，承包人应及时向发包人发出要求付款的通知，发包人收到承包人通知后仍不能按要求付款，可与承包人协商签订延期付款协议，经承包人同意后可延期支付，协议应明确延期支付的时间和从工程计量结果确认后第 15 天起计算应付款的利息（利率按同期银行贷款利率计）。

3. 发包人不按合同约定支付工程进度款，双方又未达成延期付款协议，导致施工无法进行，承包人可停止施工，由发包人承担违约责任。

第十四条 工程完工后，双方应按照约定的合同价款及合同价款调整内容以及索赔事项，进行工程竣工结算。

（一）工程竣工结算方式

工程竣工结算分为单位工程竣工结算、单项工程竣工结算和建设项目竣工总结算。

（二）工程竣工结算编审

1. 单位工程竣工结算由承包人编制，发包人审查；实行总承包的工程，由具体承包人编制，在总承包人审查的基础上，发包人审查。

2. 单项工程竣工结算或建设项目竣工总结算由总（承）包人编制，发包人可直接进行审查，也可以委托具有相应资质的工程造价咨询机构进行审查。政府投资项目，由同级财政部门审查。单项工程竣工结算或建设项目竣工总结算经发、承包人签字盖章后有效。

承包人应在合同约定期限内完成项目竣工结算编制工作，未在规定期限内完成的并且提不出正当理由延期的，责任自负。

（三）工程竣工结算审查期限

单项工程竣工后，承包人应在提交竣工验收报告的同时，向发包人递交竣工结算报告及完整的结算资料，发包人应按以下规定时限进行核对（审查）并提出审查意见。

建设项目竣工总结算在最后一个单项工程竣工结算审查确认后 15 天内汇总，送发包人后 30 天内审查完成。

（四）工程竣工价款结算

发包人收到承包人递交的竣工结算报告及完整的结算资料后，应按本办法规定的期限（合同约定有期限的，从其约定）进行核实，给予确认或者提出修改意见。发包人根据确认的竣工结算报告向承包人支付工程竣工结算价款，保留 5% 左右的质量保证（保修）金，待工程交付使用 1 年质保期到期后清算（合同另有约定的，从其约定），质保期内如有返修，发生费用应在质量保证（保修）金内扣除。

（五）索赔价款结算

发、承包人未能按合同约定履行自己的各项义务或发生错误，给另一方造成经济损失的，由受损方按合同约定提出索赔，索赔金额按合同约定支付。

（六）合同以外零星项目工程价款结算

发包人要求承包人完成合同以外零星项目，承包人应在接受发包人要求的 7 天内就用工数量和单价、机械台班数量和单价、使用材料和金额等向发包人提出施工签证，发包人签证后施工。如发包人未签证，承包人施工后发生争议的，责任由承包人自负。

第十五条 发包人和承包人要加强施工现场的造价控制，及时对工程合同外的事项如实记录并履行书面手续。凡由发、承包双方授权的现场代表签字的现场签证以及发、承包双方协商确定的索赔等费用，应在工程竣工结算中如实办理，不得因发、承包双方现场代表的中途变更改变其有效性。

第十六条 发包人收到竣工结算报告及完整的结算资料后，在本办法规定或合同约定期限内，对结算报告及资料没有提出意见，则视同认可。

承包人如未在规定时间内提供完整的工程竣工结算资料，经发包人催促后14 天内仍未提供或没有明确答复，发包人有权根据已有资料进行审查，责任由承包人自负。

根据确认的竣工结算报告，承包人向发包人申请支付工程竣工结算款。发包人应在收到申请后 15 天内支付结算款，到期没有支付的应承担违约责任。承包人可以催告发包人支付结算价款，如达成延期支付协议，发包人应按同期银行贷款利率支付拖欠工程价款的利息。如未达成延期支付协议，承包人可以与发包人协商将该工程折价，或申请人民法院将该工程依法拍卖，承包人就该工程折价或者拍卖的价款优先受偿。

第十七条 工程竣工结算以合同工期为准，实际施工工期比合同工期提前或延后，发、承包双方应按合同约定的奖惩办法执行。

第四章　工程价款结算争议处理

第十八条　工程造价咨询机构接受发包人或承包人委托编审工程竣工结算，应按合同约定和实际履约事项认真办理，出具的竣工结算报告经发、承包双方签字后生效。当事人一方对报告有异议的，可对工程结算中有异议部分，向有关部门申请咨询后协商处理，若不能达成一致的，双方可按合同约定的争议或纠纷解决程序办理。

第十九条　发包人对工程质量有异议，已竣工验收或已竣工未验收但实际投入使用的工程，其质量争议按该工程保修合同执行；已竣工未验收且未实际投入使用的工程以及停工、停建工程的质量争议，应当就有争议部分的竣工结算暂缓办理，双方可就有争议的工程委托有资质的检测鉴定机构进行检测，根据检测结果确定解决方案，或按工程质量监督机构的处理决定执行，其余部分的竣工结算依照约定办理。

第二十条　当事人对工程造价发生合同纠纷时，可通过下列办法解决：

（一）双方协商确定；

（二）按合同条款约定的办法提请调解；

（三）向有关仲裁机构申请仲裁或向人民法院起诉。

第五章　工程价款结算管理

第二十一条　工程竣工后，发、承包双方应及时办清工程竣工结算，否则，工程不得交付使用，有关部门不予办理权属登记。

第二十二条　发包人与中标的承包人不按照招标文件和中标的承包人的投标文件订立合同的，或者发包人、中标的承包人背离合同实质性内容另行订立协议，造成工程价款结算纠纷的，另行订立的协议无效，由建设行政主管部门责令改正，并按《中华人民共和国招标投标法》第五十九条进行处罚。

第二十三条　接受委托承接有关工程结算咨询业务的工程造价咨询机构应具有工程造价咨询单位资质，其出具的办理拨付工程价款和工程结算的文件，应当由造价工程师签字，并应加盖执业专用章和单位公章。

第六章　附则

第二十四条　建设工程施工专业分包或劳务分包，总（承）包人与分包人必须依法订立专业分包或劳务分包合同，按照本办法的规定在合同中约定工程价款及其结算办法。

第二十五条　政府投资项目除执行本办法有关规定外，地方政府或地方政府财政部门对政府投资项目合同价款约定与调整、工程价款结算、工程价款结算争议处理等事项，如另有特殊规定的，从其规定。

第二十六条　凡实行监理的工程项目，工程价款结算过程中涉及监理工程师签证事项，应按工程监理合同约定执行。

第二十七条　有关主管部门、地方政府财政部门和地方政府建设行政主管部门可参照本办法，结合本部门、本地区实际情况，另行制定具体办法，并报财政部、建设部备案。

第二十八条　合同示范文本内容如与本办法不一致，以本办法为准。

第二十九条　本办法自公布之日起施行。

附录8　中央预算内直接投资项目管理办法

第一章　总则

第一条　为切实加强和进一步规范中央预算内直接投资项目管理，健全科学、民主的投资决策机制，提高投资效益，依据《国务院关于投资体制改革的决定》和有关法律法规，制定本办法。

第二条　本办法所称中央预算内直接投资项目（以下简称"直接投资项目"或者"项目"），是指国家发展改革委安排中央预算内投资建设的中央本级（包括中央部门及其派出机构、垂直管理单位、所属事业单位）非经营性固定资产投资项目。

党政机关办公楼建设项目按照党中央、国务院规定严格管理。

第三条　直接投资项目实行审批制，包括审批项目建议书、可行性研究报告、初步设计。情况特殊、影响重大的项目，需要审批开工报告。

国务院、国家发展改革委批准的专项规划中已经明确、前期工作深度达到项目建议书要求、建设内容简单、投资规模较小的项目，可以直接编报可行性研究报告，或者合并编报项目建议书。

第四条　申请安排中央预算内投资 3000 万元及以上的项目，以及需要跨地区、跨部门、跨领域统筹的项目，由国家发展改革委审批或者由国家发展改革委委托中央有关部门审批，其中特别重大项目由国家发展改革委核报国务院批准；其余项目按照隶属关系，由中央有关部门审批后抄送国家发展改革委。按照规定权限和程序批准的项目，国家发展改革委在编制年度计划时统筹安排中央预算内投资。

第五条　审批直接投资项目时，一般应当委托具备相应资质的工程咨询机构对项目建议书、可行性研究报告进行评估。特别重大的项目实行专家评议制度。

第六条　直接投资项目在可行性研究报告、初步设计及投资概算的编制、审批以及建设过程中，应当符合国家有关建设标准和规范。

第七条　发展改革委与财政、城乡规划、国土资源、环境保护、金融监管、行业管理等部门建立联动机制，实现信息共享。

凡不涉及国家安全和国家秘密、法律法规未禁止公开的直接投资项目，审批部门应当按照政府信息公开的有关规定，将项目审批情况向社会公开。

第二章　项目决策

第八条　适宜编制规划的领域，国家发展改革委和中央有关部门应当编制专项规划。按照规定权限和程序批准的专项规划，是项目决策的重要依据。

第九条　国家发展改革委会同有关部门建立项目储备库，作为项目决策和年度计划安排的重要依据。

第十条　项目建议书要对项目建设的必要性、主要建设内容、拟建地点、拟建规模、投资匡算、资金筹措以及社会效益和经济效益等进行初步分析，并附相关文件资料。项目建议书的编制格式、内容和深度应当达到规定要求。

由国家发展改革委负责审批的项目，其项目建议书应当由具备相应资质的甲级工程咨询机构编制。

第十一条 项目建议书编制完成后，由项目单位按照规定程序报送项目审批部门审批。项目审批部门对符合有关规定、确有必要建设的项目，批准项目建议书，并将批复文件抄送城乡规划、国土资源、环境保护等部门。

项目审批部门可以在项目建议书批复文件中规定批复文件的有效期。

第十二条 项目单位依据项目建议书批复文件，组织开展可行性研究，并按照规定向城乡规划、国土资源、环境保护等部门申请办理规划选址、用地预审、环境影响评价等审批手续。

第十三条 项目审批部门在批准项目建议书之后，应当按照有关规定进行公示。公示期间征集到的主要意见和建议，作为编制和审批项目可行性研究报告的重要参考。

第十四条 项目建议书批准后，项目单位应当委托工程咨询机构编制可行性研究报告，对项目在技术和经济上的可行性以及社会效益、节能、资源综合利用、生态环境影响、社会稳定风险等进行全面分析论证，落实各项建设和运行保障条件，并按照有关规定取得相关许可、审查意见。可行性研究报告的编制格式、内容和深度应当达到规定要求。由国家发展改革委负责审批的项目，其可行性研究报告应当由具备相应资质的甲级工程咨询机构编制。

第十五条 项目可行性研究报告应当包含以下招标内容：

（一）项目的勘察、设计、施工、监理以及重要设备、材料等采购活动的具体招标范围（全部或者部分招标）；

（二）项目的勘察、设计、施工、监理以及重要设备、材料等采购活动拟采用的招标组织形式（委托招标或者自行招标）。按照有关规定拟自行招标的，应当按照国家有关规定提交书面材料；

（三）项目的勘察、设计、施工、监理以及重要设备、材料等采购活动拟采用的招标方式（公开招标或者邀请招标）。按照有关规定拟邀请招标的，应当按照国家有关规定提交书面材料。

第十六条 可行性研究报告编制完成后，由项目单位按照规定程序报送项目审批部门审批，并应当附以下文件：

（一）城乡规划行政主管部门出具的选址意见书；

（二）国土资源行政主管部门出具的用地预审意见；

（三）环境保护行政主管部门出具的环境影响评价审批文件；

（四）项目的节能评估报告书、节能评估报告表或者节能登记表（由中央有关部门审批的项目，需附国家发展改革委出具的节能审查意见）；

（五）根据有关规定应当提交的其他文件。

第十七条　项目审批部门对符合有关规定、具备建设条件的项目，批准可行性研究报告，并将批复文件抄送城乡规划、国土资源、环境保护等部门。

项目审批部门可以在可行性研究报告批复文件中规定批复文件的有效期。

对于情况特殊、影响重大的项目，需要审批开工报告的，应当在可行性研究报告批复文件中予以明确。

第十八条　经批准的可行性研究报告是确定建设项目的依据。项目单位可以依据可行性研究报告批复文件，按照规定向城乡规划、国土资源等部门申请办理规划许可、正式用地手续等，并委托具有相应资质的设计单位进行初步设计。

第十九条　初步设计应当符合国家有关规定和可行性研究报告批复文件的有关要求，明确各单项工程或者单位工程的建设内容、建设规模、建设标准、用地规模、主要材料、设备规格和技术参数等设计方案，并据此编制投资概算。投资概算应当包括国家规定的项目建设所需的全部费用。

由国家发展改革委负责审批的项目，其初步设计应当由具备相应资质的甲级设计单位编制。

第二十条　投资概算超过可行性研究报告批准的投资估算百分之十的，或者项目单位、建设性质、建设地点、建设规模、技术方案等发生重大变更的，项目单位应当报告项目审批部门。项目审批部门可以要求项目单位重新组织编制和报批可行性研究报告。

第二十一条　初步设计编制完成后，由项目单位按照规定程序报送项目审批部门审批。法律法规对直接投资项目的初步设计审批权限另有规定的，从其规定。

对于由国家发展改革委审批项目建议书、可行性研究报告的项目，其初步设计经中央有关部门审核后，由国家发展改革委审批或者经国家发展改革委核定投资概算后由中央有关部门审批。

经批准的初步设计及投资概算应当作为项目建设实施和控制投资的依据。

第二十二条　直接投资项目应当符合规划、产业政策、环境保护、土地使用、节约能源、资源利用等方面的有关规定。

第三章　建设管理

第二十三条　对于项目单位缺乏相关专业技术人员和建设管理经验的直接投资项目，项目审批部门应当在批复可行性研究报告时要求实行代理建设制度（"代建制"），通过招标等方式选择具备工程项目管理资质的工程咨询机构，作为项目管理单位负责组织项目的建设实施。项目管理单位按照与项目单位签订的合同，承担项目建设实施的相关权利义务，严格执行项目的投资概算、质量标准和建设工期等要求，在项目竣工验收后将项目交付项目单位。

第二十四条　直接投资项目应当依法办理相关手续，在具备国家规定的各项开工条件后，方可开工建设。

对于按照可行性研究报告批复文件的规定需要审批开工报告的项目，应当在开工报告批准后方可开工建设。

第二十五条　直接投资项目的招标采购，按照《招标投标法》等有关法律法规规定办理。从事直接投资项目招标代理业务的招标代理机构，应当具备中央投资项目招标代理资格。

第二十六条　建立项目建设情况报告制度。项目单位应当按照规定向项目审批部门定期报告项目建设进展情况。

第二十七条　项目由于政策调整、价格上涨、地质条件发生重大变化等原因确需调整投资概算的，由项目单位提出调整方案，按照规定程序报原概算核定部门核定。概算调增幅度超过原批复概算百分之十的，概算核定部门原则上先商请审计机关进行审计，并依据审计结论进行概算调整。

第二十八条　建立健全直接投资项目的工程保险和工程担保制度，加强直接投资项目的风险管理。

第二十九条　直接投资项目应当遵守国家档案管理的有关规定，做好项目档案管理工作。项目档案验收不合格的，应当限期整改，经复查合格后，方可进行竣工验收。

　　第三十条　直接投资项目竣工后，应当按照规定编制竣工决算。项目竣工决算具体审查和审批办法，按照国家有关规定执行。

　　第三十一条　直接投资项目建成后，项目单位应当按照国家有关规定报请项目可行性研究报告审批部门组织竣工验收。

　　第三十二条　直接投资项目建成运行后，项目审批部门可以依据有关规定，组织具备相应资质的工程咨询机构，对照项目可行性研究报告批复文件及批准的可行性研究报告的主要内容开展项目后评价，必要时应当参照初步设计文件的相关内容进行对比分析，进一步加强和改进项目管理，不断提高决策水平和投资效益。

第四章　监督检查和法律责任

　　第三十三条　发展改革、财政、审计、监察和其他有关部门，依据职能分工，对直接投资项目进行监督检查。

　　第三十四条　国家发展改革委和有关部门应当依法接受单位、个人对直接投资项目在审批、建设过程中违法违规行为的投诉和举报，并按照有关规定进行查处。

　　第三十五条　项目审批部门和其他有关部门有下列行为之一的，责令限期改正，并对直接负责的主管人员和其他直接责任人员依法给予处分。

　　（一）违反本办法规定批准项目建议书、可行性研究报告、初步设计及核定投资概算的；

　　（二）强令或者授意项目单位违反本办法规定的；

　　（三）因故意或者重大过失造成重大损失或者严重损害公民、法人和其他组织合法权益的；

　　（四）其他违反本办法规定的行为。

　　第三十六条　国家机关及有关单位的工作人员在项目建设过程中滥用职权、玩忽职守、徇私舞弊、索贿受贿的，依法追究行政或者法律责任。

　　第三十七条　项目单位和项目管理单位有下列行为之一的，国家发展改革委和有关部门将其纳入不良信用记录，责令其限期整改、暂停项目建设或者暂停投资安排；对直接负责的主管人员和其他直接责任人员，依法追究行政或者法律责任。

（一）提供虚假情况骗取项目审批和中央预算内投资的；

（二）违反国家有关规定擅自开工建设的；

（三）未经批准擅自调整建设标准或者投资规模、改变建设地点或者建设内容的；

（四）转移、侵占或者挪用建设资金的；

（五）未及时办理竣工验收手续、未经竣工验收或者验收不合格即交付使用的；

（六）已经批准的项目，无正当理由未及时实施或者完成的；

（七）不按国家规定履行招标程序的；

（八）其他违反本办法规定的行为。

第三十八条　有关工程咨询机构或者设计单位在编制项目建议书、可行性研究报告、初步设计及投资概算以及开展咨询评估或者项目后评价时，弄虚作假或者咨询评估意见严重失实的，国家发展改革委和有关部门将其纳入不良信用记录，根据其情节轻重，依法给予警告、停业整顿、降低资质等级或者撤销资质等处罚；造成损失的，依法承担赔偿责任。相关责任人员涉嫌犯罪的，依法移送司法机关处理。

第三十九条　直接投资项目发生重大质量安全事故的，按照国家有关规定，由有关部门依法追究项目单位、项目管理单位和勘察设计、施工、监理、招标代理等单位以及相关人员的法律责任。

第五章　附则

第四十条　中央有关部门可以根据本办法的规定及职能分工，制订本部门的具体管理办法。省级发展改革部门可以参照本办法制订本地区的管理办法。

第四十一条　本办法由国家发展改革委负责解释。

第四十二条　本办法自 2014 年 3 月 1 日起施行。